Sabine Dombrowski

ELTERNFIGUREN IM MÄRCHEN

VV

Sabine Dombrowski

ELTERNFIGUREN IM MÄRCHEN

Orientierungshilfen im Alltag

Walter-Verlag
Solothurn und Düsseldorf

Die Deutsche Bibliothek – CIP-Einheitsaufnahme

Dombrowski, Sabine:
Elternfiguren im Märchen: Orientierungshilfen im Alltag
Sabine Dombrowski. – Solothurn ; Düsseldorf : Walter, 1994
ISBN 3-530-16806-8

Satz: Offizin Andersen Nexö Leipzig
Druck und Einband: Boss-Druck, Kleve
Printed in Germany
ISBN 3-530-16806-8

Inhalt

Für Sientje, Tilo, Maja und Dietmar,
die mich schon so lange
liebevoll und offen begleiten.

Ich danke allen, die zur Entstehung dieses Buches beigetragen haben, besonders Frau Sigrid Früh für ihre Hilfe und Ermutigung und meinen Märchenfreundinnen.

« Da lächelte Scheherazade und sprach: ‹ Erhabener König! Wir können überall den rechten Weg finden. Was wir erfahren sollen, das erfahren wir überall in der Welt, weit überm Meer oder hier zu Haus, im Tal der Drachen oder drüben auf dem Markt. ›

Doch der König sann noch den Abenteuern Sindbads nach und sagte: ‹ War es auch wahr, was er alles berichtete? ›

‹ Man sagt, es sei wahr ›, sagte Scheherazade, ‹ denn viele Wunder birgt die Welt, und es sind nicht alles Märchen, was uns die alten Berichte der Reisenden erzählen. Doch sind nicht auch die Märchen im Grunde wahr? Was kommt es an auf Riesen oder Zwerge und ob es sie gibt! Es gibt oder gab sie wohl alle einmal, doch auch, wenn es sie nie gegeben hätte oder wenn sie anders gewesen wären, so sagen uns die Geschichten von ihnen dennoch Wahres über die Welt – sie mögen sich begeben auf fernen Inseln im Ozean oder nahe im Wald, wo die Holzfäller wohnen. Auch sie können Schätze finden, an Gold wie an Weisheit, gestern wie heut. › »[1]

Wie ich dazu kam, mich mit Märchen zu beschäftigen

Vorwort

Bin ich eine gute Mutter? Diese Frage habe ich mir in den letzten Jahren oft gestellt. Reicht es aus, was ich meinen Kindern geben und für sie tun kann, ist es nicht oft zu wenig – oder auch manchmal zu viel für sie oder für mich?

Im Laufe unseres Zusammenlebens machte ich immer wieder die Erfahrung, daß meine Vorstellung, wie eine Mutter sich verhalten sollte, sich nicht mit meinem eigenen Verhalten in bestimmten Situationen vereinbaren ließ. In vielen Gesprächen mit anderen Frauen konnte ich feststellen, daß dies ein Problem fast aller Mütter sein mußte. Es ging zum Beispiel um Fragen des Gleichgewichts zwischen den eigenen und den kindlichen Bedürfnissen, um das Gefühl von Überforderung, aber auch um das Gefühl, nicht genug oder das Falsche getan zu haben und das daraus resultierende schlechte Gewissen. Mein Anliegen ist, die Ursachen dieser Probleme herauszuarbeiten, die uns unseren Alltag so schwer machen. Vielleicht können die daraus gewonnenen Erkenntnisse dazu beitragen, Eltern das Zusammenleben mit ihren Kindern zu erleichtern. Die Märchen sind mir hierbei eine Hilfe, insbesondere um Hintergründe und Motive elterlichen und kindlichen Verhaltens konkreter erfassen zu können. Sie helfen uns, die Verbindung zwischen innerer und äußerer Welt, die wir im Laufe von Jahrhunderten so gut zu trennen gelernt haben, wiederherzustellen.

Die Fragen, die ich anhand der Betrachtung einiger Märchen beantworten möchte, lauten:

- Wie entstand unsere heutige Elternrolle, und welche Schwierigkeiten bringt sie mit sich?
- Wie stellen sich Probleme zwischen Eltern und Kindern in Märchen dar, wie werden sie dort weiterverfolgt beziehungsweise gelöst?

Einleitung

Im Herbst 1977 lud eine Freundin mich zu einem Seminar über das Thema ‹Frauen und Alltag› ein. Ich hatte zu der Zeit meine Tochter bereits abgestillt, so daß ich sie – nicht ohne Bedenken – in der Obhut ihres Vaters lassen konnte. Das Thema interessierte mich, und ich fühlte mich betroffen, steckte ich doch, seit mein Kind geboren war, bis über beide Ohren im Alltag, denn es gab ja nun keine Feierabende oder freien Wochenenden mehr.

Die Alltagsverrichtungen, die das Leben mit einem Kleinkind ausfüllen, nahmen mich rund um die Uhr in Anspruch – aber diese waren erstaunlicherweise nicht Thema unseres Seminars. Wir machten uns vielmehr Gedanken darüber, wie wir diesen Alltag empfanden, und stellten fest, daß es ungewohnt und schwierig war, uns selber im Mittelpunkt unseres Alltagslebens überhaupt wahrzunehmen, da wir so sehr auf die Bedürfnisse unserer Kinder (bzw. Männer) konzentriert waren.

Die Gemütslage der Frauen, die an diesem Seminar teilnahmen, reichte von passiv-deprimiert bis aktiv-gestaltend, aber allen gemeinsam war das Bewußtsein, wie stark sich ihr Leben verändert hatte, seit sie Mutter geworden waren, sowie die mehr oder weniger ausgeprägte Angst, von diesem alles beherrschenden Alltag überrollt zu werden.

Was konnten wir dagegensetzen?

Den Alltag umzuwandeln in künstlerischen Ausdruck, wie eine der Frauen es für sich ausprobierte, hätte ich auch gern gekonnt, fühlte mich aber nicht in der Lage dazu. Ich hatte mir meinen Freiraum in meiner Töpferwerkstatt geschaffen, neben dem Familienalltag. Dies war der Bereich, den ich für mich gestaltete, die übrige Zeit wurde von den Forderungen und Bedürfnissen anderer geprägt. So erfuhr ich damals eine Art Aufspaltung meiner Person in ein selbstbestimmtes, kreatives Ich, das sich am besten außerhalb des alltäglichen Zusammenlebens mit der Familie entfalten konnte, zum anderen in ein überwiegend reagierendes, das sich auf die Bedürfniserfüllung meiner Familie bezog. Häufig kam es zu Interessenkonflikten zwischen beiden ‹Ichs›. Fiel die Entscheidung zugunsten des ‹kreativen Ichs›, dann war der Preis meist das damit einhergehende schlechte Gewissen gegenüber dem ‹Familienich›, im umgekehrten Fall stellten sich bei mir nach einiger Zeit Gefühle von Unzufriedenheit und Frustration ein.

Daß dies nicht allein mein persönliches Problem war, erfuhr ich hier zum ersten Mal im Gespräch mit anderen Frauen. Eltern machen nicht nur ähnliche Erfahrungen in bezug auf ihre Kinder, sondern sie erleben auch ähnliche innere Entwicklungen, die mit ihrer neuen Rolle und den veränderten Lebensumständen zusammenhängen. Doch sind die meisten Eltern sehr schlecht auf diese neuen Entwicklungen vorbereitet. Gefühle der Überforderung und des schlechten Gewissens, Ärger auf das Kind, Ungeduld und Fluchtgedanken werden als persönliches Versagen empfunden und meist stark verdrängt. Dabei ist es durchaus nicht selbstverständlich, mit solch einer neuen Lebenssituation, wie sie ein Kind schafft, problemlos fertigzuwerden.

Stichworte des neuen Lebensgefühls, die alle Eltern kennen, sind neben der Freude und dem Stolz, die uns erfüllen:

- permanente Müdigkeit, hervorgerufen durch unterbrochenen Nachtschlaf;
- eine neue Art der körperlichen Belastung durch Umhertragen, Auf- und Niederlegen des Kindes;

- weniger Raum und kaum noch ungestörte Zeit für sich selbst, Partner und Freunde;
- eine völlig neue Art der Beschäftigung, zusammengesetzt aus vielen kleinen, auf das Kind bezogenen Einzelaktivitäten, die für sich genommen als völlig nebensächlich gelten, die aber auf einmal fast den ganzen Tag ausfüllen, zum Beispiel: Wickeln und Waschen, Babynahrung zubereiten und Füttern, An- und Ausziehen, Spazierengehen, Spielen, Baden und Schlaflieder vorsingen. Dabei – als inneres Äquivalent zu den äußeren Aktivitäten – immer wieder Gedanken und Entscheidungen über die richtige Fläschchen- und Badetemperatur, über die Art der Körperpflege, über Gewichtszunahme und Arztbesuche, Verdauungsprobleme und Lernfortschritte.

Statistisch gesehen beträgt die Arbeitsleistung einer Mutter – oder eines alleinerziehenden Vaters – mit drei kleinen Kindern 116 Stunden wöchentlich.[2] Ziehen wir noch in Betracht, daß diese Arbeit gesellschaftlich weder besonders anerkannt noch entlohnt wird, so haben wir hier schon den Ausgangspunkt für einen Dauerkonflikt, den jede Mutter, bzw. jeder Vater, mit sich selbst austragen muß: die Spannung zwischen unserem Idealbild der Familie als Ort harmonischen Zusammenlebens und der Zufriedenheit und der Realität unseres Alltags.

Soviel Spannung, Glück und Freude wir mit unseren Kindern empfinden, soviel Ärger und Frustration, ja Wut und Verzweiflung können solche ständigen Anforderungen in uns erzeugen: Ich wollte doch noch etwas anderes mit meiner Zeit anfangen, als mehrmals täglich den Fußboden von vergossenem Kakao und verspritzter Tomatensoße und die Strampelanzüge vom durchgelaufenen Inhalt der Windeln zu reinigen. Sicher war es für mein Kind richtig und wichtig, daß es mit Kakao spritzen durfte, für mich aber war es das eindeutig nicht, auch wenn ich es mir manchmal einzureden versuchte. Ich war manchmal wütend auf meine Kinder, weil sich mich zwangen, einen großen Teil meiner Zeit mit diesen ‹Nichtigkeiten› zu verbringen.

Natürlich versuchte ich, solche Gefühle so gut wie möglich zu unterdrücken, denn ich liebe ja meine Kinder und möchte eine gute Mutter sein. Von einer guten Mutter ist es undenkbar, daß sie ihre Kinder manchmal dahin wünscht, wo der Pfeffer wächst.

Irgendwann in dieser Zeit hörte ich einen Vortrag über das Märchen ‹Hänsel und Gretel›. Hörte mit meinen Erwachsenenohren: Da schickt eine Mutter ihre Kinder in den Wald, weil sie selber nicht verhungern will. Unmöglich! Eine Stiefmutter natürlich, denn eine ‹richtige› Mutter würde so etwas nie tun. Aber obwohl ich eine ‹richtige› Mutter war, faszinierte mich das Thema, und ich begann, mich intensiver mit Märchen zu beschäftigen. Dabei fand ich etwas – für mich – ungeheuer Spannendes heraus: Märchen handeln – unter anderem – von Beziehungen zwischen Eltern und Kindern. Und hier werden Gefühle angesprochen, die ich bisher in keinem noch so nützlichen Erziehungsbuch anschaulich dargestellt gefunden hatte. Ich fühlte mich unmittelbar betroffen. – So wurden Märchen für mich zu einer Quelle der Erkenntnis und Selbsterkenntnis und zu einem Hilfsmittel, Verdrängtes und Abgespaltenes in mir wahrzunehmen und zu bearbeiten.

Ich möchte in diesem Buch anhand einiger Märchen die Vielfalt von Gefühlen aufzeigen, die eine Eltern-Kind-Beziehung ausmachen und beeinflussen kann. Dabei soll der Akzent auf der Situation der Eltern liegen. Ihre verschiedenartigen Verhaltensweisen ihren Kindern gegenüber werden in Märchen unter anderem durch Idealbilder wie dem der ‹guten Mutter› und des guten Königs sowie durch Tabugestalten wie Hexen, Stiefmütter und Menschenfresser verkörpert.

Die Ideale, die wir längst mehr oder weniger verinnerlicht haben, stellen uns beim Zusammentreffen mit der Realität unseres zwischenmenschlichen Umgangs oft vor schwer lösbare Probleme. Wir wollen in den nächsten Kapiteln die Entwicklung solcher Idealbilder und ihre Bedeutung für uns heutige Eltern nachvollziehen.

Das Ideal der ‹guten Eltern›

Wie böse Märcheneltern für uns auch gute Seiten haben können

Eltern- und Erwachsenenfiguren kommen in den Märchen nicht immer gut davon. Zuhauf begegnen wir bösen Stiefmüttern, schwachen Vätern, habgierigen Königen, dummen Riesen, häßlichen Hexen. Die Kinder sind die Pfiffigen, die wissen wo es langgeht, die sich durchkämpfen. So fällt es auch uns Erwachsenen nicht schwer, uns beim Lesen oder Hören von Märchen mit den Kindern und ihrem Schicksal zu identifizieren. Ganz automatisch stehen wir auf ihrer Seite und nicht auf der der Erwachsenen, zu deren Generation wir doch eigentlich gehören. Kinder stehen im Märchen für neue Entwicklungswege und Lösungsmöglichkeiten. Wohl deshalb wurden Märchen bisher hauptsächlich im Hinblick auf sie gelesen und interpretiert. Doch auch aus dem Verhalten der Märcheneltern können wir lernen, und wir werden uns in vielen von ihnen wiedererkennen.

Im Märchen sind also die Kinder die Hauptpersonen, deren Schicksal wichtig ist und uns zunächst interessiert, sie befinden sich auf dem Weg, den wir mitverfolgen wollen. Die Eltern bleiben im Hintergrund, sind Ausgangspunkt und Katalysator für die weitere Handlung.

Wenn Sie selber Eltern sind, wird Ihnen diese Konstellation vielleicht bekannt vorkommen: die Kinder im Mittelpunkt, die Handlung bestimmend, die Eltern am Rande, als Weghelfer, als Hinderer oder als Auslöser für den weiteren Ablauf der Geschichte.

Unsere Kinder stehen im Mittelpunkt unseres Lebens, um sie dreht sich alles, sie sind das Wichtigste. Das muß so sein, denn es gibt nichts Wichtigeres, als unsere Kinder körperlich und seelisch gesund groß werden zu lassen und ihnen zu helfen, den für sie richtigen Weg zu finden. Es gibt nichts Wichtigeres, als ihnen soviel Raum zu lassen, wie sie zur Entfaltung ihrer Persönlichkeit und ihrer Kreativität brauchen, und ihnen gleichzeitig den nötigen Halt in Form von emotionaler Sicherheit und sozialem Verhalten zu bieten. – Dies ist unsere Idealvorstellung, das Erziehungsziel, dem wir nachstreben.

‹Verantwortungsgefühl›, ‹Respekt für andere›, ‹gute Manieren und Höflichkeit› sind laut einer Umfrage der EG-Kommission 1991 die wichtigsten Erziehungsziele von Eltern in den EG-Ländern.[3] Leider sieht die Wirklichkeit anders aus: Wir beklagen bei Jugendlichen eine Zunahme von unsozialem und gewaltsamem Verhalten sowie von psychischen Schwierigkeiten und Erkrankungen. Es scheint, daß Eltern unseren allgemein akzeptierten Erziehungsidealen nicht gerecht werden können. Warum ist das so?

Schauen wir einmal bei uns selber: Wir haben uns für den Umgang mit unseren Kindern hohe Ziele gesteckt; dazu gehören Toleranz und Rücksichtnahme auf kindliche Bedürfnisse, Einfühlungsvermögen und liebevolle Anleitung. Bei der Umsetzung in die Alltagsrealität stoßen wir aber immer wieder an unsere Grenzen. Es gelingt uns einfach nicht, immer eine gute Mutter, ein guter Vater zu sein. Ja manchmal verhalten wir uns unseren Kindern gegenüber so, wie wir es nie tun wollten: Wir schimpfen mit ihnen oder schlagen sie – und fühlen uns gleichzeitig miserabel, weil wir wieder einmal versagt haben. Häufig lehnen wir unsere Kinder ab und fühlen uns von ihnen ausgenutzt. Darüber sprechen wir aber nicht gern. Je weniger wir in der Lage sind, unserem Ideal zu entsprechen, um so mehr versuchen wir, unser ‹Versagen› vor uns selbst und unseren Mitmenschen zu entschuldigen und zu kaschieren. Niemand möchte als ‹Rabenmutter› dastehen oder als Vater, der es ‹noch nicht mal› schafft, mit seinen eigenen Kindern fertigzuwerden.

Immer noch gilt es als selbstverständlich, daß Eltern spielend leicht und vor allem ohne fremde Hilfe mit einer Situation zurechtkommen, die doch ihr Leben von Grund auf verändert.

Wie in den Märchen, so trennen auch wir ganz klar zwischen Gut und Böse, Mutter und Stiefmutter, König und Dieb, und wir möchten auf jeden Fall auf der Seite der ‹Guten› stehen.

Wenn wir allerdings die Märchen auf der subjektstufigen Ebene deuten, das heißt, alle Figuren einer Geschichte als verschiedene Aspekte einer einzigen Persönlichkeit verstehen, sind die Märchen nicht so simpel, wie sie auf den ersten Blick erscheinen. So kann die Mutter im Märchen Ausdruck unserer beschützenden, die Stiefmutter ein Abbild unserer eifersüchtigen Seite sein; der König kann unsere Souveränität, der Dieb unsere Habgier symbolisieren. Was zunächst wie pure Schwarzweißmalerei erscheint, entpuppt sich aus diesem Blickwinkel als bildhafte Darstellung differenzierter menschlicher Probleme.

Unser Elternideal, dem wir nacheifern, ist, wie jedes Ideal, einseitig. Es blendet alle sogenannten negativen menschlichen Eigenschaften aus. Da aber auch Eltern Menschen sind – wie oft als Entschuldigung für Fehlverhalten angeführt! – scheitern sie in ihrem täglichen Umgang mit Kindern immer wieder an den einseitig hohen Anforderungen dieses Ideals. Das führt bei vielen Eltern zu Gefühlen der Hilflosigkeit und des Versagens, aus denen sie sehr schwer alleine herausfinden: Je mehr sie sich nämlich bemühen, ‹gute› Eltern zu sein, um so mehr versuchen sie, alle ihre vom Ideal nicht akzeptierten Eigenschaften zu verdrängen, zum Beispiel Ärger und Wut auf das Kind, egoistische Impulse oder Eifersucht, aber auch selbstbestimmtes Handeln, das die Frustrierung kindlicher Bedürfnisse erfordert.

Je stärker wiederum solche unerwünschten Impulse verdrängt statt verarbeitet werden, um so eher tendieren sie dazu, sich unkontrolliert und manchmal explosionsartig Bahn zu brechen. Dazu schreibt Ingrid Riedel in ihrem Buch *Tabu im Märchen*:

> «Es ist immer auch das Unheimliche an diesen weggesperrten Kräften, daß sie sich in ihrer Isolierung vom übrigen Leben negativ ‹aufladen›, zu einem explosiven Potential werden, weil und wenn sie keinen Austausch mit dem sie umgebenden Kräftefeld mehr haben. Es handelt sich um das gleiche, was wir auch in der Psychotherapie häufig erfahren: daß eben die Kraft, die ein Mensch wegsperrt, sich ungeheuer auflädt und ihm dann bei der ersten Wiederbegegnung mit ihr sehr gefährlich werden kann.»[4]

Ich möchte hinzufügen, daß solche weggesperrten Kräfte, wenn sie hervorbrechen, nicht nur dem Elternteil, sondern besonders auch dem betroffenen Kind gefährlich sein können.

Es handelt sich bei diesen unterdrückten Kräften sehr häufig um Aggressionen, die wir in der Partnerschaft und im Berufsleben meinen verstecken zu müssen, um gemocht zu werden, um uns anpassen zu können, um gut zu funktionieren. Auch dies trägt dazu bei, eine Situation der inneren Überforderung zu schaffen, der wir irgendwann nicht mehr gewachsen sind. Der Gefühlsstau bricht sich dann dort Bahn, wo am wenigsten Widerstand zu erwarten ist, wo es am ungefährlichsten scheint: im Umgang mit den Kindern. Zeitungsmeldungen über Mütter, die ihre Kinder auf heiße Herdplatten setzen, über Väter, die ein Kleinkind im Winter an der Autobahn aussetzen, gehören schon fast zur Tagesordnung. Über den Grund, den solch ein Vater für sein Verhalten später angibt – berufliche und private Überlastung –,[5] können ‹vernünftige› Menschen nur den Kopf schütteln. Hätte es da nicht andere Möglichkeiten gegeben? Warum diese Kurzschlußreaktion? Welche Sicherung ist da durchgebrannt? Die Not der Kinder ist offensichtlich, die Not der Eltern wird nicht als solche erkannt.

Wir sehen, daß unsere eigenen Ansprüche, einem positiven Elternideal nachzukommen, uns nahelegen, den Teil unserer Persönlichkeit, der diesem Ideal nicht entspricht, zu verdrängen. Dadurch geraten wir, wie schon gesagt, häufig in eine Situation der Überforderung und der Isolation.

Hinzu kommt, daß die Kinder selbst Anforderungen an unsere Lernfähigkeit stellen, auf die wir meist nur sehr unzureichend vorbereitet sind: So machen sich Eltern zwar Gedanken über Geburtsvorbereitung und Babypflege, über die Kinderzimmerausstattung und die zu erwartende neue Arbeitseinteilung in der Familie, aber kaum jemand hat Gelegenheit, sich mit den inneren qualitativen Lebensveränderungen, die ein Kind bewirkt, auseinanderzusetzen.

Kleine Kinder bringen mit ihren sinnlich-gegenwartsbezogenen Bedürfnissen unsere linear-zielgerichtete Lebensweise völlig durcheinander. Während wir für die Zukunft planen und arbeiten, bewegen sie sich in einem zyklischen Rhythmus von Nahrungsaufnahme und Ausscheidung, der, weil vorrangig, auch für unser Leben bestimmend wird. Es fällt uns oft schwer, diese Bestimmung anzunehmen, müssen wir doch das meiste, was in unserer Gesellschaft geschätzt wird und unser Wertgefühl erhält, für diese Zeit hintanstellen: selbstbestimmtes Handeln, vorzeigbare und zu vergütende Leistung, wissenschaftlich nachprüfbare Ergebnisse. Dafür gibt der Umgang mit Kindern uns die Chance, wieder offener für natürliche körperliche und emotionale Vorgänge zu werden. Eine Chance, die, wenn wir sie wahrnehmen, heilsam auf unser rational bestimmtes Leben einwirken kann. Wir können uns heute nicht mehr dem Rhythmus unserer Kinder überlassen, ohne uns fremdbestimmt vorzukommen. Während wir dem Kind die Windeln wechseln, denken wir schon daran, was wir ‹eigentlich› alles tun müßten, und fühlen uns durch die immer wiederkehrenden kindlichen Bedürfnisse in unseren zielgerichteten Handlungen gestört und unterbrochen. Wir können daran wenig ändern, da wir durch unsere ‹erwachsenen› Vorstellungen und Lebensweisen geprägt sind. Wir können und wollen uns nicht zurückentwickeln zu einem Zustand der Naturverbundenheit und Abhängigkeit.

Dennoch sehnen wir uns manchmal nach diesem Zustand und spüren, daß uns im Laufe der Zeit etwas verlorengegangen ist, das die Psychologen unser ‹inneres Kind› nennen. Dieses Kind würde sich vielleicht gerne wie Rotkäppchen verhalten, vom vorgeschriebenen Wege abweichen, sich von den Schönheiten am Wegrand faszinieren lassen und dabei manche überraschende oder erschreckende Erfahrung machen.

Kinder können noch auf diese Weise leben, selbst- und zielvergessen im Kreise gehen. Gerade deshalb rufen sie häufig unsere Aggressionen hervor, denn sie stoßen uns an unsere Grenzen: Was wir selber in uns unterdrücken müssen, wird uns bei denen, die das noch nicht tun (können), wie eine Herausforderung erscheinen. Zahlreiche Redewendungen unseres Alltags, gedacht als erzieherische Ermahnungen, verdeutlichen dies: ‹erst die Arbeit, dann das Vergnügen›, ‹Vögel, die am Morgen singen, holt am Abend die Katz›, ‹was Hänschen nicht lernt, lernt Hans nimmermehr›, ‹früh krümmt sich, was ein Häkchen werden will› … Es sind Drohungen neidischer Erwachsener an ihre Kinder.

Dieser schwer ertragbare Neid mündet oft in Aggressionen und Restriktionen.

Alles was wir uns an Bedürfnisbefriedigung versagen, bekommen die Kinder. In dem Maß, wie wir uns zurücknehmen, sei es im Beruf, in der Partnerbeziehung oder in der Freizeit, stehen sie im Vordergrund. Sie sind der neue Bezugspunkt in unserem Leben, um den sich alles dreht. Natürlich würden Eltern vor sich selbst und vor anderen niemals zugeben, daß sie neidisch oder wütend auf ihre eigenen Kinder sind oder sich manchmal zurückgesetzt oder ausgenutzt fühlen. Wenn wir solche Gefühle empfinden, sind wir meistens in der Lage, sie in ein für uns und unsere Kinder einigermaßen akzeptables Verhalten umzuwandeln: So sagen wir uns etwa, wir müßten die Kinder durch Anpassungs- und Disziplinierungsmaßnahmen in ihren Bedürfnissen einschränken, um sie ‹aufs Leben› vorzubereiten. Was sicher – maßvoll – richtig und wichtig ist. Daß die unbewußte Motivation für solches Elternverhalten oft unsere eigenen negativen Gefühle sind, können wir mit rationalen Begründungen gut überspielen.

In den Märchen werden diese Gefühle angesprochen; sie schildern die Probleme ungeduldiger Väter, etwa in ‹Hans mein Igel›, oder die Leiden eifersüchtiger und dadurch destruktiver Mütter, wie wir später bei ‹Schneewittchen› noch genauer sehen werden. Wir können uns in der Auseinandersetzung mit solchen Märchenfiguren die Möglichkeit schaffen, unsere eigenen Gefühle genauer wahrzunehmen und im schwierigen Umgang mit negativen Seiten aus den Fehlern anderer, nämlich der Märcheneltern, in denen wir uns wiedererkennen, zu lernen.

Der Lernprozeß, den wir im Umgang mit unseren Kindern durchlaufen, erfordert von uns große Flexibilität. Nicht nur müssen wir unseren Raum und unsere Zeit neu einteilen, unsere eigenen Bedürfnisse zurückstellen und uns ganz auf den kindlichen Rhythmus einlassen, nicht nur müssen wir uns daran gewöhnen, mit der neuen Verantwortung umzugehen, die uns ein Wesen auferlegt, das in allen Dingen völlig von uns abhängig ist, schon nach kurzer Zeit müssen wir uns darauf einstellen, unser Kind auch wieder loszulassen. Wir müssen ihm einen ständig wachsenden Raum zur Entwicklung seiner Selbständigkeit schaffen und gleichzeitig den Freiraum, der dadurch für uns entsteht, wieder sinnvoll ausfüllen.

Eine wirklich schwierige Aufgabe, eine Gratwanderung, die viel Einfühlungsvermögen in andere und viel Selbsterkenntnis erfordert. Ganz zu Unrecht wird diese Leistung unterschätzt und angenommen, Mütter und Väter könnten das ‹von Natur aus›. Sie müssen es lernen wie jeden anderen Beruf, mit dem erschwerenden Unterschied, daß sie kaum Lernhilfe bekommen und sich als Autodidakten durchs Leben schlagen müssen. Eltern, die Orientierungshilfen suchen, werden feststellen, daß Märchenfiguren solche Hilfen bieten können.

Wie unser Elternideal entstanden ist

Ich möchte zunächst auf die geistigen Strömungen eingehen, die zur Entstehung unseres Bildes von der idealen Mutter beigetragen haben. Eine entscheidende Rolle spielt dabei das vom Christentum geprägte Bild von der Frau.

Das weiblich-zyklische Weltbild

Wie schon im jüdischen Glauben, aus dem es hervorgegangen ist, gibt es im Christentum keine weiblichen Gottheiten mehr. Das bedeutet nicht nur, daß ein einziger Gott an die Stelle der Vielzahl alter Götter und Göttinnen trat, Hand in Hand mit der neuen Religion setzte sich ein verändertes Weltbild durch.

Die Ägypter, Griechen und Römer, die Germanen und Kelten verehrten männliche und weibliche Gottheiten. Die Naturvorgänge wurden von diesen Völkern als zyklisch wiederkehrende Ereignisse erlebt, die ihr eigenes Leben und den Lauf der Welt bestimmten. Sie wurden mit einer höheren Macht in Verbindung gebracht, die verehrt und gefürchtet wurde, hingen doch Leben und Tod von ihr ab. Es war eine weibliche Macht, denn sie hatte die Kraft des Gebärens und Nährens, aber auch des Zerstörens; und sie wurde in Form verschiedener Göttinnen verehrt, die den Naturbereich – das Werden, Wachsen, Reifen und Vergehen alles Lebendigen – repräsentierten.

Ein besonders anschauliches Beispiel für diese Art menschlichen Naturverständnisses ist der Demeterkult im alten Griechenland: Demeter, die Erdgöttin, wurde in drei Gestalten verehrt: als junges Mädchen Kore war sie das grüne Getreide, als Persephone die reife Ähre und als das alte Weib Hekate der geerntete Weizen im Korb. Ein entsprechender Mythos erklärt das Entstehen der Jahreszeiten: Hades, der Gott der Unterwelt, entführte Demeters Tochter, und aus Trauer darüber ließ die Göttin keine Saat mehr wachsen. Schließlich kam durch Vermittlung des Göttervaters Zeus aber ein Vertrag zustande, der bestimmte, daß die göttliche Tochter nur ein Drittel des Jahres unter der Erde weilen sollte, in dieser Zeit herrschte auf der Erde Winter. «Der jahreszeitliche Wohnortwechsel von Demeters Tochter symbolisiert die Periodizität vom Aufblühen und Absterben der Natur ...»[6]

So wurden in der *Großen Mutter* beide Seiten verehrt, Leben und Tod, Ober- und Unterwelt, Licht und Schatten. Weibliche Gottheiten traten sowohl als Fruchtbarkeits- wie auch als Jagd-, Kriegs- oder Todesgöttinnen auf. Die Trennung der Lebensbereiche in einen ‹guten, sanften, weiblichen› und einen ‹aggressiven, männlichen› hatte noch nicht stattgefunden.

Diesem Weltbild, das von der menschlichen Urerfahrung von Werden und Vergehen geprägt ist, entspricht ein zyklisches Zeitempfinden; sein Symbol ist der Kreis.

Die Menschen, die mit diesem Weltbild lebten, waren den Naturvorgängen stark verbunden. – Das bedeutet aber auch: ausgeliefert! Oft genug mußten sie ohnmächtig miterleben, wie Götter und Göttinnen durch Unwetter die Ernten zerstörten, wie das Jagdglück ausblieb und sie im Winter Hunger leiden mußten, wie die Schicksalsgöttin Tod und Verderben schickte. In solchen Zeiten, in denen die Natur ‹zürnte›, nützten auch die Opferrituale nichts, die die Götter besänftigen sollten.

Aus den Abhängigkeiten dieses ewigen Kreislaufes suchten sich die Menschen zu befreien. Im Laufe der Jahrtausende entwickelten sie Fähigkeiten und Fertigkeiten, sich aus der engen Verflechtung mit ‹Mutter Natur› zu lösen, so daß ihr Gefühl der Ohnmacht dieser launischen Dame gegenüber sich verringern konnte.

Das männlich-lineare Weltbild

Heute sind wir in den hochentwickelten Ländern weitgehend unabhängig vom Naturkreislauf. Wir brauchen im Winter nicht mehr zu frieren, wir können im Sommer bei Trockenheit unsere Ernte bewässern und das ganze Jahr über frisches Obst und Gemüse essen, wir wissen gefährliche Krankheiten zu bekämpfen und unser Leben künstlich zu verlängern. Nur Geburt und Tod sind noch naturgegebene Konstanten, aber auch an deren Beherrschung wird schon gearbeitet. Die Angst der Menschen vor der Abhängigkeit von natürlichen Vorgängen hat zu einem Zustand der fast völligen Unterdrückung der Natur geführt.

Das weiblich-zyklisch geprägte Weltbild wurde im Laufe dieser Entwicklung ersetzt durch ein linear-chronologisches Zeitempfinden, symbolisiert durch den Pfeil, der vorwärts zeigt, ein Symbol, das dem männlichen Bereich zugeordnet wird.

Die alten (und heute noch die sogenannten traditionellen) Religionen erkannten, verehrten und fürchteten die (Über)-Macht der Naturgottheiten, die christliche Religion wollte diese Mächte und die Angst vor dem Ausgeliefertsein an die Natur überwinden. Was Angst machte, wurde nach und nach verdrängt, weibliche Gottheiten paßten nicht mehr in dieses Weltbild und verschwanden. Im Christentum geht es nicht mehr darum, sich den Erfordernissen der Natur möglichst gut anzupassen, sondern Macht über sie zu gewinnen.

Gewisse ursprünglich der Großen Mutter zugeordnete Bereiche werden im Christentum durch Jesus vertreten. Auferstehung und Himmelfahrt symbolisieren in diesem Zusammenhang den Sieg des Geistig-Seelischen über das Körperlich-Materielle. Nicht mehr der dunkle Schoß der Mutter Erde ist Ort des Todes und der Wandlung wie im Demeterkult, sondern der Himmel als Sitz des Vaters. Die Jenseitswelt wird getrennt in eine gute und eine böse, wobei sich die gute über uns befindet, die böse aber tief unten in der Erde. Muttergottheiten und die Verehrung der Mutter Erde hatten in einem solchen Weltbild keinen Platz mehr.

Die Marienverehrung war ursprünglich kein Bestandteil des christlichen Glaubens, sie entwickelte sich erst zögernd seit dem 5. Jahrhundert, teilweise direkt aus älteren Kultformen; unter anderem finden sich Einflüsse der ägyptischen Isisverehrung. Isis wurde in ihrer hellen Gestalt als eine lebensfördernde Göttin und in ihrer schwarzen als Todesgöttin verehrt.[7] Der christlichen Mutter Gottes fehlt die schwarze, bedrohliche, angstmachende Seite. Sie ist ausschließlich rein, licht, unschuldig und barmherzig. Sie gebiert Leben, aber nicht im Rahmen naturgebundener Vorgänge, als Symbol der Fruchtbarkeit, sondern als Gefäß Gottes. Zwar wird sie später, hauptsächlich in der Zeit des Barock, auch als Himmelskönigin verehrt, vor allem aber ist sie Dienerin, Opfer, *mater dolorosa*.[8]

Nicht mehr die Große Mutter entscheidet nun über Leben und Tod, sondern ein allmächtiger Gott im Himmel. Er vergibt Lohn und Strafe nicht mehr nach den Gesetzen der Natur, sondern nach von ihm festgelegten Maßstäben, denen der Mensch entsprechen soll. Somit kann dieser zumindest zu einem guten Teil sein gegenwärtiges und zukünftiges Schicksal selbst beeinflussen und ist nicht mehr von der Unberechenbarkeit der Natur und deren Repräsentanten, den Göttinnen und Göttern, abhängig. Die große Angst vor dem Ausgeliefertsein ist ihm genommen, aber ersetzt durch die

Angst vor Strafe bei Ungehorsam. – Von dieser Angst suchen sich moderne Menschen zu befreien durch Ablehnung des traditionellen christlichen Glaubens.

Die Bereiche des Weiblichen, die mit dem Körperlichen, dem Sinnlichen, aber auch seiner dunklen Seite – dem verschlingenden Schoß als Todessymbol – in Zusammenhang standen, wie auch diejenigen, die eine Beziehung zur sowie eine Abhängigkeit von der (menschlichen) Natur implizierten, wurde nach und nach tabuisiert. Das heißt aber auch: Die Frau erfuhr eine starke Abwertung.

Das Frauenbild im Christentum

Überall aber lebten und wirkten die in engem Zusammenleben mit der Natur erworbenen Kenntnisse fort und wurden erst durch die kirchlichen Hexenverfolgungen vom 14. bis ins 18. Jahrhundert – die nach heutigen Schätzungen etwa einer halben Million Menschen, davon ca. 80 Prozent Frauen, das Leben kosteten – weitgehend ausgerottet.[9]

Hexen waren weise Frauen, ursprünglich oft Priesterinnen der Muttergottheiten, und der Glaube an sie reicht weit in vorchristliche Zeiten zurück. Die Hexe war – wie die Gottheit selbst – «... ambivalent, das heißt sowohl helfend und heilend als auch bedrohend und vernichtend. In den Mythologien verschiedener Völker spielt die Hexe als große Magierin eine wichtige Rolle. Sie war zwar gefürchtet, genoß aber, auf Grund ihres Wissens, als Ratgeberin großes Ansehen. Man denke nur an Medea, die große mythische Hexe der Antike, oder an die Zauberin Circe bei Homer. Im Alten Testament geht Saul zur Hexe von Endor, um sich von ihr die Zukunft weissagen zu lassen. Der Gott Odin in der germanischen Mythologie reitet zur Seherin Vala und befragt sie über die Zukunft des Göttergeschlechts.»[10] Und weiter schreibt Sigrid Früh:

«Wie die großen Muttergottheiten, denen sie dienten, waren die Frauen Herrinnen über Leben und Tod. Im Glauben und in der Phantasie des Volkes lebte auch nach der Christianisierung die Furcht vor den magischen Kräften der Frau, aber auch das Vertrauen in das Wissen um die Heilkraft und die richtige Anwendung von Zaubersprüchen und Beschwörungsformeln weiter.»[11]

Das Christentum konnte diese heidnischen Praktiken nicht dulden. Als Verbote keine Wirkung zeigten, wurde 1484 dem Hexenglauben durch eine päpstliche Bulle, dem Hexenhammer, offiziell der Kampf angesagt. Die Ausrottung der Hexen konnte beginnen.

Durch diese Entwicklung wurde die christliche Auffassung von der untergeordneten Rolle der Frau allgemein und in der Familie im besonderen gefestigt. Die Hauptaufgabe einer Frau war es, Kinder zu gebären und christlich aufzuziehen. Auch der große Reformator Luther war sich hierin mit der Tradition der Kirche völlig einig: Es schade nichts, meinte er, wenn die Frauen über zu vielen Geburten krank würden oder stürben, dafür täten sie ein gutes Werk im Gehorsam Gottes – und weiter: «... ob sie sich aber auch müde und zuletzt todt tragen, das schadet nichts, laß sie nur todt tragen, sie sind darum da.»[12]

In den Märchen kennen wir heute die Hexen fast durchweg als böse und hinterhältige Wesen, die über andere Menschen eine gefährliche Macht ausüben. Manchmal finden wir aber auch noch die Synonyme ‹altes Mütterchen›, ‹weise Frau›, und in einigen Märchen treten Hexen als hilfreiche Gestalten auf.[13] In manchen Grimmschen Märchen – z. B. ‹Die sechs Schwäne› oder ‹Brüderchen und Schwesterchen› – werden unschuldige junge Frauen als Hexen auf den Scheiterhaufen geführt, wie zur Zeit der Hexenverfolgungen – ohne sich verteidigen zu können. Sie müssen stumm bleiben und können ihre große innere Kraft erst im letzten Moment zu ihrer Rettung einsetzen.

Im Laufe der oben beschriebenen Entwicklung war es gelungen, die Frauen fast vollständig zu ‹domestizieren›. Sie selbst und der gesamte ihnen zugeordnete Bereich wurden als minderwertig angesehen.

Die christliche Kirche suchte die körperbedingten Notwendigkeiten unseres menschlichen Lebens durch Askese, Fasten, Zölibat, Schamgefühl und Strafandrohung zu überwinden, um sich besser und ausschließlich geistiger Entwicklung widmen zu können. Dahinter stand aber auch die alte männliche Angst vor der Abhängigkeit von der ‹Mutter Natur›, die uns Menschen mit Hunger und Durst, Liebe und Haß regiert.

So entstand ein Weltbild, das sowohl Männern als auch Frauen zu eigen geworden ist. Beiden ist die Fähigkeit weitgehend verlorengegangen, natürliche körperliche und seelische Vorgänge wahrzunehmen und zu akzeptieren. Beide müssen verdrängen und idealisieren, das Ideal der ‹guten Mutter› erfordert es, daß die ‹böse Hexe› abgespalten wird. Dennoch gehen Ideal und die abgespaltene, tabuisierte Seite der Persönlichkeit immer Hand in Hand, wie der Schatten zum Menschen gehört.

Es fällt uns meist nicht schwer, die positive, lebensspendende, hingebungsvolle Seite in uns zu akzeptieren. In Verwirrung stürzen uns unsere sogenannten negativen Seiten, die aber oft nur deshalb negativ in Erscheinung treten, weil wir sie nicht in unser Leben integriert haben, und die nur durch unser Weltbild als schlecht bezeichnet und tabuisiert wurden. – Wir lehnen auch die dunkle Seite der Natur, den Tod und die Vergänglichkeit, ab, die in der schwarzen Göttin – der schwarzen Isis zum Beispiel – verehrt und gefürchtet wurde. Wir aber wollen sie nicht wahrhaben, wir tabuisieren das Altern, den Tod.

Psychologisch gesehen stellen die bösen Gestalten im Märchen unsere als böse erlebten destruktiven Kräfte dar, die wir verleugnen möchten. In unserem Alltag vermeiden wir tunlichst, den ganzen Bereich der sogenannten negativen Gefühle wahrzunehmen. Wir spüren die Gefahr, die von ihnen ausgeht: sie können den reibungslosen Ablauf unserer zielgerichteten Tätigkeiten völlig durcheinanderbringen.

Vorsichtsmaßnahmen haben ihren Sinn, denn wir ahnen, daß es nicht nur darum geht, mit unserer Schattenseite in Kontakt zu treten, sondern vor allem darum, diesen Schatten zu verstehen und mit ihm angemessen umgehen zu lernen, damit er uns nicht überwältigt. Das erfordert Zeit für und Geduld mit uns selbst. In Märchen wird das Tabu am Ende immer gebrochen, das Verbotene angesehen oder ausgesprochen, und nur dadurch erfolgt die Erlösung.

Wenn wir etwas von dieser Kraft in uns spüren und sie sogar in Form von Wut, Trauer, Aggression ausdrücken, haben wir hinterher ein schlechtes Gewissen. Wir fürchten uns vor der Macht dieser Gefühle, die unser Selbstbild von der liebevollen, opferbereiten Mutter, vom gerechten, verständnisvollen Vater oder vom toleranten Partner ins Wanken bringen können.

Diese Idealvorstellung aufrechtzuerhalten bedeutet aber unter anderem auch, auf Abstand zu uns selber zu gehen, uns aufzuteilen in gut und böse, und das Böse, das Angstmachende wegzuschließen. Wir können uns so an einer Rolle festhalten, die uns Sicherheit und gefühlsmäßige Kontinuität vorgaukelt.

Kinder bieten das Kontrastprogramm: Sie verunsichern uns, indem sie an all unsere Tabus rühren und wie im Märchen – z. B. im ‹Blaubart› und ‹Fitchers Vogel› – alle verbotenen Türen öffnen wollen. Wir unternehmen dann große Anstrengungen, um diese Türen zuzuhalten, doch manchmal gelingt es den Kindern, sie zu öffnen und einen Blick auf das Verbotene zu werfen. Dann erleben auch wir uns auf einmal in unserer bedrohlichen Gestalt oder in der Verwandlung, wenn gewaltsame oder zerstörerische Gefühle, die sich der bewußten Kontrolle entziehen, im Kontakt mit den Kindern offen zutage treten.[14]

Die Märchen beschäftigen sich, wie die Hochliteratur, mit allen Aspekten des menschlichen Seins, auch mit den Tabus. Sie zeigen den Umgang mit diesen aber auf andere Art als die Literatur. Seit Jahrtausenden werden Märchen erzählt, und wir können davon ausgehen, daß die Menschen sich nur das immer weitererzählten, was sie berührte und betraf.

So verwundert es nicht, daß wir, solange Märchen zurückverfolgt werden können, immer wieder die gleichen Themen und Motive in abgewandelter Form finden. Die großen Themen der Menschheit wie Leben und Tod, Liebe und Haß, Stärke und Schwäche, die uns vordergründig als Gegensatzpaare erscheinen und die sich gegenseitig auszuschließen scheinen, werden in den Märchen zusammengefügt wie zwei Seiten einer Medaille. Märchen beschreiben – manchmal auf den ersten Blick nicht erkennbar – alltägliche Beziehungen von Menschen, welche Probleme sie verursachen und welche Entwicklungsmöglichkeiten sie enthalten. Wir verfolgen gespannt, wie der Dummling am Schluß der Klügere ist, wie das häßliche Aschenputtel sich in eine schöne Prinzessin verwandelt, wie der arme Bruder reich wird und der reiche arm. Zunächst erscheinen uns diese Wandlungen märchenhaft unwahrscheinlich, wie durch Wunder ausgelöst, sehen wir aber genauer hin, so finden wir die Ursachen immer in der inneren Entwicklung des Helden selbst begründet.

Da Märchen mündlich überliefert und in den nicht gebildeten Bevölkerungskreisen erzählt wurden, blieben sie von offiziellen Stellen und von den gehobenen Schichten lange unbeachtet oder wurden nicht ernst genommen. Die geschriebene Literatur wurde daher viel stärker durch gesellschaftliche Konventionen und Ideale, aber auch durch Zensur von kirchlichen und weltlichen Autoritäten beeinflußt. Das führte dazu, daß sich in Märchen eine direktere, unverfälschtere Schilderung menschlicher Eigenschaften und

Beziehungen erhalten hat, auf die wir vergleichend zurückgreifen können, wenn wir etwas über die Art und Entstehung unserer Ideale und Normen erfahren wollen.

Wir müssen dabei allerdings im Auge behalten, daß Märchenforscher und Aufzeichner, denen wir die Erhaltung von so vielen Märchen bis in unsere Zeit verdanken, wiederum Kinder ihrer Zeit und deren Wertvorstellungen unterworfen waren. Von den Brüdern Grimm wissen wir, daß sie – bei allem Bemühen um Ursprünglichkeit – allein schon durch die Auswahl ihrer Erzähler und durch mehrmaliges Überarbeiten der Märchentexte einiges von den Vorstellungen ihrer eigenen Zeit in die Märchen mit einfließen ließen. Unberührt vom Zeitgeist, der Erzähler und Aufzeichner prägt, bleiben aber die Themen und Motive der Märchen.

Das Verhalten der Eltern in Märchen steht oft in krassem Widerspruch zu unserer Idealvorstellung, und wir können es manchmal weder verstehen noch akzeptieren. Die Beziehung zu den Kindern ist vielfach geprägt von Egoismus, Habgier, Eifersucht und Unverständnis, und Märcheneltern verursachen dadurch ihren Kindern die größten Probleme. Es ist offensichtlich: In Märchen werden gerade die Emotionen angesprochen und dargestellt, die wir als Eltern in uns unterdrücken. Wir können dies als Indiz dafür nehmen, daß Märchen sehr viel älter sind als unsere heutigen Wertvorstellungen und Ideale. Sie entstanden in Zeiten, als es den Begriff Kindheit mit all seinen Implikationen noch nicht gab.

Die Entstehung der Kindheit

Kinder gab es immer, aber nicht die *Kindheit* als spezifische Lebensphase. Wenn wir heute von der Kindheit sprechen, meinen wir damit das Alter zwischen Geburt und Pubertät. Doch erst im Zeitalter der Romantik, also etwa vor zweihundert Jahren, begannen die Menschen, beeinflußt durch

Jean Jacques Rousseau, im Kindesalter eine eigene Entwicklungsstufe zu sehen. Rousseau schrieb 1762 seinen Roman *Emil – Über die Erziehung*, in dem er sein Menschenbild darlegte. Dieses war geprägt vom Glauben an den guten Naturzustand des Menschen, der erst durch die Zivilisation korrumpiert werde. In den Kindern sollte das Gedeihen dieser guten Anlage durch behutsame Lenkung gefördert werden. Noch Ende des 19. Jahrhunderts herrschte diese Auffassung von der ursprünglichen Unverdorbenheit der Kinder. Auch die der Romantik zugehörenden Brüder Grimm weisen in der Vorrede zu ihrer Märchensammlung von 1864 auf die Reinheit und Natürlichkeit der Kinder hin. Sie vergleichen diese mit der Ursprünglichkeit der Märchen und wünschen, daß ihre Sammlung als Erziehungsbuch diene.

Erst um die Jahrhundertwende entdeckte man – vor allem durch die Psychoanalyse –, daß schon vieles von Anfang an in einem Kind angelegt ist und daß entscheidende Prägungen für das ganze Leben in den ersten Lebensjahren stattfinden. Man begann, die Kindheit als einen Lebensabschnitt zu begreifen, der seine eigenen Gesetzmäßigkeiten und Erfordernisse aufweist. Dementsprechend wandelten sich allmählich die Ansprüche, die man an die Eltern im Sinne einer kindgemäßen Erziehung stellte.

Vor Rousseau wurde Kindheit nicht in diesem Sinne verstanden. Man betrachtete Kinder damals als unfertige Erwachsene, die sich frühzeitig und in jeder Hinsicht den Erfordernissen der Erwachsenenwelt anzupassen hatten. Und zwar gleichermaßen in den armen Bevölkerungsschichten, bei denen Kinder schon ab vier Jahren in den Arbeitsprozeß eingegliedert wurden, wie in den wohlhabenden Familien, wo sie gehalten wurden, in Kleidung und Benehmen die Erwachsenen nachzuahmen. Wir sehen auf alten Gemälden Erwachsene und Kinder gleich gekleidet, oft haben die Kinder sogar die Proportionen von Erwachsenen, nur daß sie eben kleiner sind.

Wir können daraus schließen, daß das Verhältnis zwischen Eltern und Kindern damals grundlegend anders gewesen sein muß, als wir es heute als normal und wünschenswert empfinden. Zunächst einmal war es sehr viel distanzierter. Kinder sprachen ihre Eltern mit ‹Sie› an, standen bei Tisch oder aßen mit den Dienstboten. Erzogen wurden sie von Ammen, Kindermädchen oder Hauslehrern. – Das galt natürlich für die wohlhabenden Familien. Alle Kinder aus unteren Schichten wurden seit Jahrhunderten ganz selbstverständlich zu Arbeiten im landwirtschaftlichen und häuslichen Bereich herangezogen. Seit Beginn der Industrialisierung nahm das Elend der Kinderarbeit dramatisch zu, die Familien konnten keine unproduktiven Mitglieder ernähren. Sie brauchten das Geld, und Kinder waren für billige Löhne zu haben.

Familien waren also zunächst Überlebens- und Produktionsgemeinschaften gewesen, die Idee der bedingungslosen Elternliebe und der Förderung von Kindern ist neueren Datums. Konnte eine Familie nicht alle Kinder ernähren, so wurden sie fortgeschickt, um sich selber durchzuschlagen; ein Verfahren, das damals durchaus üblich war und uns aus vielen Märchen geläufig ist. Die Brüder Grimm konnten dieses Elternverhalten schon nicht mehr akzeptieren, sie wandelten die Mutter, die ihre Kinder in den Wald schickt, in späteren Fassungen in eine böse Stiefmutter um, von der sich Eltern distanzieren können. Wir werden uns im Märchen von Hänsel und Gretel näher mit den Motiven der Stiefmutter auseinandersetzen.[15]

Die Ursprünge des heutigen Elternideals

Das Ideal der verständnisvollen, kompromißbereiten und immer verfügbaren Eltern, dem wir heute nachstreben, hat sich Hand in Hand mit dem neuen Verständnis von Kindheit entwickelt. Es hat aber, vor allem was mütterliches Verhalten betrifft, seine geistigen Wurzeln in sehr viel früherer Zeit.

Zunächst möchte ich kurz die gesellschaftlichen Bedingungen skizzieren, unter denen sich das Idealbild einer liebevollen und aufopferungsbereiten Mutter, das uns heute so selbstverständlich ist, herausbilden konnte, denn das Mutterideal ist die Grundlage des heutigen Elternideals.

Wie die Tiermütter haben auch Menschenmütter einen Trieb, ihre Kinder zu nähren und zu schützen. Dieser Trieb hat zunächst nichts mit Liebe zu tun, sondern richtet sich auf die Erhaltung des neugeborenen Lebens, das heißt auf die Erhaltung der Art. Sind die Lebensumstände aus irgendwelchen Gründen ungünstig (zu wenig Nahrung, eingeschränkter Lebensraum, etc.), reagieren viele Tierarten mit eingeschränkter Fortpflanzung oder stärkerer Auslese (das berühmte Gleichgewicht der Natur). Dem Menschen, der das ganze Jahr paarungsbereit ist, steht dieses natürliche Regulativ nicht zur Verfügung. So wurden und werden Kinder geboren, ohne daß ein Umfeld vorhanden wäre, in dem sie angemessen aufwachsen können. Was heute vorwiegend ein Problem in den sogenannten Entwicklungsländern ist, war es auch in der vorindustriellen Gesellschaft Europas. Gefördert wurde die Überbevölkerung durch die Tatsache, daß Verhütung und Abtreibung kirchlicherseits verdammt wurden und das Wissen um geburtenregulierende Praktiken mit der Hexenverfolgung – die bis Mitte des 18. Jahrhunderts andauerte – verlorenging. Durch materielles Elend und Vernachlässigung verursacht, starben im 17. und 18. Jahrhundert ein Viertel aller Kinder, bevor sie ein Jahr alt waren.

Es wäre unsinnig, unter diesen Umständen eine besonders ausgeprägte Mutter- oder Elternliebe zu erwarten. Im Gegenteil ergab sich daraus – und das wurde den Eltern auch nahegelegt – ein distanziertes Verhalten den Kindern gegenüber, und zwar aus verschiedenen Gründen: Zum einen war es bei der großen Kinderzahl, den schlechten wirtschaftlichen Verhältnissen und der hohen Kindersterblichkeit unmöglich, sein Herz an jedes Kind zu hängen. Alle Kräfte wurden für die tägliche Existenzsicherung benötigt und die Kinder so früh wie möglich in den Arbeitsprozeß mit eingegliedert. Zum anderen betrachtete man Kinder als Geschöpfe von natürlicher Wildheit und Bosheit, die durch Strenge und Disziplinierung unter Kontrolle gebracht und den gesellschaftlichen Wertvorstellungen der Erwachsenenwelt angepaßt werden mußten – moralische Rechtfertigung für jede Art von elterlicher Gewalt.

Daraus ergab sich Kindern gegenüber eine zumeist gleichgültige, strenge oder sogar ablehnende Haltung. Selbst Eltern, die es sich leisten konnten, kümmerten sich wenig um ihre Kinder, gaben sie außer Haus oder ließen sie von Ammen und Kindermädchen großziehen, eine Sitte, die noch bis in unser Jahrhundert hinein aufrechterhalten wurde. Es war eine Prestigefrage, sich zumindest eine Amme zu leisten.

So beschreibt Shalom Asch in seinem um die Jahrhundertwende spielenden Roman *Mottke der Dieb* das Gespräch zweier Frauen in einem jüdischen Stetl: «... kann denn die junge Frau ihr Kind nicht selbst nähren? Ist sie vielleicht zu schwach oder krank?» «Schwach oder nicht schwach, weißt du denn nicht, daß eine reiche Frau sich so etwas erlauben kann? Was fehlt ihr denn? Gebe Gott, daß mir und dir so wenig fehlen möchte wie der Schwiegertochter des Schochliners.»[16] Shalom Asch beschreibt nun, wie die arme Frau beim Schochliner als Amme arbeitete, während ihr eigenes Neugeborenes, im Keller unter der gelegentlichen Obhut der achtjährigen Schwester zurückgelassen, lernen mußte, aus einem mit einem Zuckerstückchen gefüllten Lumpenpfropfen seine Lebenskraft zu saugen. Vier Kinder, von denen zwei gestorben waren, hatte die Schwester auf diese Weise schon versorgt.[17] Die Familie war auf diesen Verdienst angewiesen, denn «da ihr Mann jedes

Jahr Geld brauchte, gebar Slatke alljährlich oder jedes zweite Jahr ein Kind, und den Rest verdiente Lejb selbst auf den Straßen.»[18] – So waren Kinder bei den armen Leuten gleichzeitig Last und Notwendigkeit.

In den bürgerlichen Familien waren die Lebensbedingungen natürlich günstiger. Allerdings stellte das Bürgertum bis zum 19. Jahrhundert keinen Stand für sich dar, als Bürger definierten sich die städtischen Handwerker und Kaufleute. Erst Anfang des 19. Jahrhunderts, nach der französischen Revolution und den napoleonischen Kriegen, hatte sich eine bürgerliche Mittelschicht im heutigen Sinn herausgebildet, die entscheidenden Einfluß auf die geistige Entwicklung, die Verwaltung und das Recht der neuentstehenden Staaten ausübte. Die Einheit von Wohn- und Arbeitsbereich blieb nur noch im ländlichen Raum bestehen. Bei den Handwerkern und Kaufleuten löste sie sich durch die Entstehung von Verwaltung und Fabriken auf. Es erfolgte eine Trennung von Privat- und Berufsleben, wie wir sie heute noch kennen.

Frauen und Kinder nahmen nun nicht mehr selbstverständlich am Produktionsprozeß teil, sondern wurden dem privaten Bereich zugeordnet. Dieser Prozeß begann bereits Mitte des 18. Jahrhunderts, wie wir anhand der damals beginnenden Kinderbuchliteratur nachvollziehen können. Damals wurden die verschiedenen Bereiche des Berufslebens schon eindeutig den Jungen, die häusliche Sphäre den Mädchen zugeordnet.

«Die Arbeit, die die Frau von nun an leistete, wurde also nicht mehr als Arbeit definiert, sondern ersetzt durch Begriffe wie Natur der Frau, Liebe, Mütterlichkeit. Der Mann wurde durch diese spezifische Arbeit der Frau freigestellt für die Produktion. Die Frau wurde nun nicht mehr durch ihr Arbeits-, sondern durch ihr Liebesvermögen bestimmt. In der bürgerlichen Familie hatte sie folgende Aufgaben zu erfüllen: 1. Dem außerhäuslich arbeitenden Mann eine Atmosphäre zu bieten, in der er sich erholen konnte. 2. Die Erziehung der Kinder zu gewährleisten, die nun nicht mehr ohne großes Aufsehen in den Lebens- und Produktionsbereich der Erwachsenen hineinwachsen konnten, 3. den Haushalt zu führen.»[19]

Die Entstehung unseres Mutterideals ist also zumindest teilweise durch sich verändernde Produktions- und Gesellschaftsverhältnisse begünstigt worden. Parallel dazu hatte sich – wie schon beschrieben – die Auffassung von der Kindheit als eigenständigem Lebensabschnitt herausgebildet. In dem entstandenen häuslichen ‹Freiraum› soll die Mutter nun durch Liebe und gutes Vorbild erzieherisch auf ihre Kinder einwirken. Einerseits gibt ihr das die Möglichkeit, eine tiefere Beziehung zu ihren Kindern zu entwickeln, andererseits ist sie nun allein für den Erfolg des Unternehmens Familie verantwortlich und wird nach dem Gedeihen oder Mißraten ihrer Kinder be- beziehungsweise verurteilt.

Hier finden wir sicherlich eine der Ursachen des Gefühls von Überforderung, das auch heute noch bei Müttern Selbstzweifel und Schuldgefühle hervorruft: Bin ich als Mutter gut genug? Habe ich genug Zeit und Geduld aufgewendet, um die Probleme meiner Kinder, meines Mannes zu lösen? Wie kann ich erreichen, daß alle sich wohlfühlen und das Familiengleichgewicht erhalten bleibt?

Auch heute noch sind es vorwiegend die Mütter, und zwar unabhängig davon, ob sie berufstätig oder Hausfrauen sind, die sich für den emotionalen Bereich in der Familie zuständig fühlen. Bei dieser unerfüllbaren Anforderung ist der Mißerfolg vorprogrammiert, da eine Familie aus sehr verschiedenen Menschen besteht, die ständig wachsen und sich und ihre Bedürfnisse verändern, so daß das einmal erreichte Gleichgewicht immer wieder durcheinandergerät und die verschiedenartigen Bedürfnisse neu ausbalanciert werden müssen. Wie oft muß die Mutter an sich selbst und ihren ‹ungenügenden› Fähigkeiten zweifeln! Und dieses Gefühl wird noch dadurch verstärkt, daß jede Familie eine kleine, in sich geschlossene Einheit bildet, eine Privatsphäre, in die niemand von außen hineinschauen soll. So findet in Problemsituationen zwischen den einzelnen Familien, ja selbst zwischen den Generationen einer Familie, kein Austausch statt, und jede Mutter führt die zum großen Teil gesellschafts- und entwicklungspsychologisch begründeten Schwierigkeiten auf ihr eigenes Versagen zurück und glaubt zudem, nur ihr gelinge es nicht, die überhöhten Anforderungen zu erfüllen.

Mehr und mehr übernehmen in der modernen Zeit auch die Familienväter Aufgaben, die früher in den Bereich der Mütter fielen. Damit geraten auch sie zunehmend in den Sog der idealisierten Ansprüche an die Erziehung der Kinder.

Gemessen am Elternideal, das uns vorschwebt, müssen wir ständig versagen und mit einem schlechten Gewissen herumlaufen. Wir sehen aber aus den vorangegangenen kurzen Ausführungen, daß Ideale nicht, wie Naturgesetze, vorgegeben sind, sondern daß sie aus bestimmten Gründen zu bestimmten Zeiten entstehen und sich unter veränderten Umständen wandeln können.

Wie wir heute mit unserem Ideal umgehen

Wir haben in den vorangegangenen Kapiteln die Entstehung und Veränderung der Werte, die unsere Mutter-Kind- und Eltern-Kind-Beziehungen prägen, verfolgt. Auf welche Art und Weise wirken nun diese Ideal- und Tabuvorstellungen auf unser heutiges tägliches Leben ein?

Arbeit und weibliches Selbstverständnis

Die Menschen unserer Gesellschaft definieren sich mehr oder weniger stark durch die Arbeit, die sie verrichten, d. h. durch ihren Beruf. Das scheint eine Gegebenheit zu sein, an der wir nichts ändern können – und warum sollten wir auch? Die Tätigkeit, die ein Mensch ausübt, trägt zum einen zu seiner Existenzsicherung bei, zum anderen fördert sie in ihm bestimmte Fähigkeiten und Fertigkeiten, die einen Teil seiner Persönlichkeit ausmachen. Je mehr Anteile seiner Person er in seine Arbeit einbringen kann, und je mehr sie ihm abfordert, desto mehr wird ihn die Arbeit zufriedenstellen und innerlich ausfüllen. Es gibt allerdings in der Praxis wenige Menschen, die ganz in einer Tätigkeit aufgehen und wenige Berufe, die das zulassen. Jedoch ist immer ein beträchtlicher Teil der Lebenszeit und -kraft mit der Arbeit verbunden, ob wir es gutheißen oder nicht, und das ist einer der Gründe, warum wir uns selbst durch unsere Arbeit definieren und auch von anderen durch sie definiert werden. Menschen, die ungewollt arbeitslos werden, ja selbst diejenigen, die nach einem arbeitsreichen Leben in den Ruhestand treten, fallen oft in ein tiefes Loch, weil ihnen nicht nur die gewohnte Tätigkeit, sondern mit ihr auch ein Teil ihrer Persönlichkeit verlorengegangen ist. Es wird uns deshalb nicht erstaunen, daß diejenigen, die gesellschaftlich gering geachtete Berufe ausüben, oft auch ein schwaches Selbstbewußtsein haben und unter Minderwertigkeitsgefühlen leiden. Soziale Anerkennung geht meist Hand in Hand mit der Dauer und Güte der Ausbildung und der Höhe des Verdienstes. Diese Faktoren dienen als Gradmesser für die Qualität einer Arbeit und damit indirekt auch für die Qualität eines Menschen.

Wen wundert es da noch, daß Mütter und Hausfrauen ganz unten auf dieser Skala stehen. Sie haben als Hausfrau und Mutter weder eine Ausbildung, noch verdienen sie einen Pfennig Geld damit. Frauen, die zu Hause arbeiten, werden nicht nur von ihrer männlichen Umwelt, sondern auch von anderen berufstätigen Frauen geringgeschätzt. Sie können sich noch so sehr von früh bis spät abrackern, um dem entgegenzuwirken, über kurz oder lang fängt unter diesem Druck das gesundeste Selbstbewußtsein an zu bröckeln. Viele Frauen gehen nicht nur aus finanziellen Gründen in ihren erlernten Beruf zurück, sobald die Kinder einigermaßen selbständig sind, oder verlassen ihn gar nicht erst, denn selbst der am schlechtesten bezahlte Aushilfsjob gibt ihnen eher das Gefühl, etwas Sinnvolles zu tun, und bringt ihnen mehr soziale Achtung ein als die Arbeit mit Kindern und im Haushalt.

Freilich stellt sich irgendwann das schlechte Gewissen ein, denn zwangsläufig hat die Mutter nun weniger Zeit für ihre Kinder und muß nach Kompromissen suchen, um ihr Bedürfnis nach Selbstachtung mit ihrem idealisierten Bild von der guten Mutter in Einklang zu bringen. Der stille Vorwurf, eine schlechte Mutter zu sein, trifft bei berufstätigen Müttern immer einen wunden Punkt, hier sind sie immer noch in der Defensive.

Doch, wie schon erwähnt, auch die sogenannten Nur-Hausfrauen und Mütter sind in der Defensive: sie haben ständig das Gefühl, faul und nutzlos zu sein, was manche mit übertriebener Arbeits- oder Putzwut zu kompensieren versuchen. Die Frage einer Freundin: «Arbeitest du jetzt wieder?» muß die Mutter von drei kleinen Kindern mit einem schuldbewußten «Nein» beantworten, denn was sie den ganzen Tag tut, wird ja nicht als Arbeit gewertet.

Wenn es aber nicht als Arbeit gilt, was ist es dann? Vergnügen oder Freizeit wäre auch nicht der richtige Ausdruck dafür. Eine Erwähnung oder Definition dieses Tätigkeitsbereichs taucht im Lexikon weder unter Arbeit noch unter Frauenarbeit auf. Fündig wurde ich erst unter dem Stichwort Hausfrau, wo der entsprechende Tätigkeitsbereich in zwölf Zeilen als «Sorgefunktion, Ernährung der Familie, Erziehung der Kinder u.a.» knapp beschrieben ist und hinzugefügt wird: «Durch die Einführung des Ehegüterstandes der Zugewinngemeinschaft und die Regelung der Unterhaltspflicht von Mann und Frau ist gesetzlich die grundsätzl. Gleichwertigkeit hausfraul. Tätigkeit und außerhäusl. Erwerbstätigkeit des Mannes anerkannt; im prakt. Leben wird die Bedeutung der H.-Tätigkeit in der Öffentlichkeit jedoch vielfach noch unterschätzt.»[20] Das war 1969.

Der Haushalt wird in demselben Lexikon als Wohn- und Verbrauchsgemeinschaft beschrieben, in der die für die gesamte Volkswirtschaft zentrale Entscheidung über die Einkommensverwendung getroffen wird. Wirtschaftlich ist dieser ganze Arbeitsbereich vieler Frauen also von herausragender Bedeutung. Aber wie wichtig und wirtschaftsbestimmend die Tätigkeiten und Entscheidungen von Hausfrauen auch sein mögen – 1987 rechnete sich der wirtschaftliche Wert der Hausfrauenarbeit mit 785 Mia. DM[21] (gemessen am Bundesangestelltentarif) auf mehr als die Hälfte des Volksaufkommens der damaligen BRD –, soziale

Anerkennung durch ihre Arbeit fanden sie weder 1969 noch 20 Jahre später. Eine merkwürdige Diskrepanz, die sich wohl teilweise aus unserer heutigen Einschätzung von Arbeit verstehen läßt, die aber sicher auch noch andere Ursachen hat, auf die wir gleich zurückkommen wollen.

Dem Stichwort Mutter werden im Lexikon immerhin zweiundzwanzig Zeilen gewidmet – genausoviel wie der darauffolgenden Beschreibung verschiedener Typen von Schraubenmuttern. Hier ist von keiner anderen Tätigkeit als der des Gebärens die Rede, nur kurz werden noch mythische Muttergestalten wie die Urmutter, die Anima, die Maja und die Maria erwähnt.[22] Finden wir uns damit ab, daß zwar eine Hausfrau nicht immer Mutter, eine Mutter aber immer Hausfrau ist, da nur unter diesem Stichwort der gesamte mütterliche Tätigkeitsbereich in drei Begriffen erwähnt wird.

Wir stehen hier vor dem Paradox, daß ein Arbeitsbereich, der volkswirtschaftlich und privat die Hälfte unseres Lebens ausmacht, fast völlig aus der öffentlichen Wahrnehmung ausgeblendet ist, und daß er, wenn er doch angesprochen wird, eine überwiegend negative Bewertung erfährt. Das scheint zunächst nicht mit unseren Vorstellungen von einer idealisierten Mutterfigur und der Familie als ‹Keimzelle› des Staates zusammenzupassen. Wir müssen uns aber vergegenwärtigen, daß der gesamte Familienbereich, auch heute noch und trotz aller gegenläufigen Bewegungen, der Frau zugeordnet wird. So gab es in der BRD bis 1990 ein Bundesministerium für Jugend, Familie, Frauen und Gesundheit, das erst 1991 in einzelne Bereiche aufgeteilt wurde.

Wenn Frauen ein so umfassendes Wirkungsfeld zugeordnet wird, so bedeutet das auch, daß sie in diesem Bereich starken und prägenden Einfluß ausüben. Hier stoßen wir auf eine mögliche weitere Ursache dafür, daß Frauen und Mütter sowie alle ihnen zugeordneten Bereiche in unserer Gesellschaft abgewertet werden.

Die männliche Angst vor der Abhängigkeit

Über die Macht der Mütter ist an anderen Stellen schon viel gesagt und geschrieben worden. Ich möchte in diesem Zusammenhang nur einen Gedanken weiterverfolgen: Väterliche Macht wird meistens mit den Worten Strenge und Autorität in Verbindung gebracht. Diese Autorität kann auf verschiedene Weise praktiziert werden, immer jedoch spielt dabei eine gewisse Distanz in der Beziehung eine Rolle. Mit mütterlicher Macht assoziiert man eher Nähe, auch bedrohliche, erdrückende Nähe, verschlingende Macht.

Im Berufsleben sind Frauen und Männer denselben Bedingungen und Anforderungen unterworfen, auch wenn die theoretische Chancengleichheit noch lange nicht praktisch verwirklicht ist. Der Beruf setzt dem Macht- und Leistungsstreben einen gewissen Rahmen, unabhängig vom Geschlecht, er gibt ein Korrektiv. Anders in der Familie: Hier kann sich die Macht von Müttern direkter und stärker auswirken als die von Vätern, da die Familie ‹ihr› Bereich ist. Ihre Macht und ihr Einfluß sind auf Nähe gegründet, sie kommen oft mit weniger Gewalt aus als Väter. Ihr Einfluß ist subtiler, schwerer zu erkennen und läuft oft über gefühlsmäßige Manipulation. Solch ein quasi unkontrollierbarer Einfluß macht Angst, weil er abhängig macht. Als Abwehrhaltung bietet sich an, die Mutterrolle zu idealisieren und gleichzeitig im realen Leben abzuwerten. Beides schafft Distanz und hält so die Bedrohung möglichst gering.

Diese Haltung wirkt sich auf die Frauen aus, indem sie sich einerseits durch die hohen Anforderungen des Mutterideals unter Druck gesetzt fühlen, andererseits ihre Rolle und Arbeit als Hausfrau und Mutter selbst gering einschätzen und sie möglichst schnell ablegen wollen.

In diesem Zusammenhang treffen wir wieder auf unsere Angst vor Abhängigkeiten, denn nie wieder sind Menschen so abhängig wie im ersten Lebensalter von ihren Müttern.

Bezeichnenderweise steht dazu im Lexikon unter ‹Mutterbindung›: «... die starke gefühlsbetonte Bindung, bes. des Sohnes an die Mutter (entsprechend bei der Tochter die Vaterbindung). Die M. entsteht, wenn sich das Kind nicht aus der frühen Abhängigkeit von der Mutter lösen kann. ... gelingt es dem Sohn nicht, die sexuellen Anteile seiner idealisierten Mutterbeziehung auf Frauen seines Alters zu übertragen, kann die M. auch zur konfliktreichen Mutterfixierung werden.»[23] Hier wird die Mutterbindung nicht in ihrer positiven, emotionale Sicherheit spendenden Ausprägung beschrieben, sondern es wird ausschließlich die negative, gefahrvolle Seite betont. Die machtvolle Mutter, die abhängig macht und auch zerstören kann, wird mit der Sexualität in Verbindung gebracht, deren Symbol seit alters her nicht nur das empfangende Gefäß, sondern auch der verschlingende Schlund ist. In diesem Zusammenhang wird nur von der Mutter-Sohn-Bindung gesprochen, wie sich die Mutter-Tochter-Bindung gestaltet, ob positiv oder negativ, wird gar nicht erwähnt. Offenbar geht es in erster Linie um die männliche Angst vor Abhängigkeit und Überwältigung.

Sehr plastisch beschrieben finden wir dieses Problem im Grimmschen Märchen ‹Hänsel und Gretel›, in dem die Hexe den Hänsel erst in ihrem Käfig mästet, um ihn dann zu verschlingen. Sie hält also Hänsel in einem total abhängigen, kleinkindhaften Zustand, in dem sie ihn verwöhnenverschlingen kann. Von Gretel dagegen wird Selbständigkeit verlangt, sie muß hart arbeiten, hat aber gerade dadurch, daß sie nicht verwöhnt wird, eher die Möglichkeit, ihre innere Entscheidungsfreiheit zu entwickeln, unabhängiger zu werden. Ich werde dieses Märchen später eingehend besprechen.

Allerdings darf männlich hier nicht nur als auf Männer bezogen verstanden werden. Sogenanntes männliches und weibliches Denken und Fühlen ist in jedem Menschen angelegt, und eine gewisse Ausgewogenheit beider Bereiche macht erst die harmonische Ganzheit eines Menschen aus. C.G.Jung hat diese gegengeschlechtlichen Anteile als Anima und Animus, – als Frau im Mann und als Mann in der Frau – bezeichnet, und M.L. von Franz schreibt dazu folgendes:

> «Die Anima verkörpert alle weiblichen Seeleneigenschaften im Manne, Stimmungen, Gefühle, Ahnungen, Empfänglichkeit für das Irrationale, persönliche Liebesfähigkeit, Natursinn und als Wichtigstes die Beziehung zum Unbewußten.»[24]

Die individuelle Ausprägung der Anima wird unter anderem von der Mutter geprägt und kann positiv oder negativ in Erscheinung treten. Sie kann den Mann in einer lebensfeindlichen Weise hemmen und zerstörerisch wirken, – in dieser Weise ist weiter oben die Mutterbindung beschrieben worden. Symbolgestalten für die negative Anima sind in Märchen und Mythen Hexen und Nixen (z.B. im Grimm-Märchen ‹Die Nixe im Teich›), die Sphinx, die Lorelei. Auch zauberkundige Märchenprinzessinnen, die Männern unlösbare Aufgaben stellen, um sie bei Versagen zu töten, wie zum Beispiel im Grimmschen Märchen ‹Das Meerhäschen›, gehören zur negativen Seite der Anima.

Die Verbindung mit dem Unbewußten

Umgekehrt wirkt in den Märchenheldinnen der Animus, wenn er durch den Vater negativ geprägt wurde, entwicklungshemmend, so zum Beispiel in ‹Allerleirauh›, wo das Mädchen lange Zeit verwildert und unerkannt leben muß, bevor es durch das Zusammentreffen mit einer positiven männlichen Gestalt erlöst wird, das heißt zu sich selber findet. Immer ist die Erlösung ein symbolhafter Ausdruck dafür, daß hemmende innere Kräfte verwandelt werden konnten, daß eine Entwicklung hin zur Ganzheit, im Märchen dargestellt durch die Hochzeit, stattgefunden hat.

Das bedeutet, daß Anima und Animus nur dann ihre positiven Kräfte in uns entfalten können, wenn wir bereit sind, auf ihre Stimme – unsere innere Stimme – zu hören. Dies kann auf vielerlei Weise geschehen: Vom Träumen über Meditieren, Tanzen und Malen bis zum Märchenlesen. Und jede(r) wird im breiten Spektrum unserer kreativen Ausdrucksmöglichkeiten ihren (seinen) ganz individuellen Zugang finden.

Viele Menschen gehen diesen Weg, um in Kontakt mit ihrem Unbewußten zu kommen, aber viele fürchten ihn auch und suchen ihn zu vermeiden. Sie haben bisher vielleicht nur die negativen, zerstörerischen Seiten von Anima/Animus kennengelernt und nicht ihre heilsame Kraft.

In diesem Fall können wir uns ein ermutigendes Beispiel an den kindlichen Märchenhelden nehmen. Schon die Tatsache, daß sie sich auf den Weg machen, der Stimme folgen und die ihnen gestellte (Lebens-)Aufgabe annehmen, bürgt für den glücklichen Ausgang des Abenteuers. Hilfe wird ihnen vielfach zuteil, wobei die Tiere und die alten Mütterchen ihre eigenen inneren Kräfte symbolisieren, auf die sie hören und deren Hilfe sie annehmen – was nicht immer einfach ist, wie wir am Verhalten zum Beispiel der älteren Brüder sehen, die diese Kräfte geringschätzen und dadurch in ihr Verderben laufen.

Unsere männnlich bestimmte Gesellschaft tut sich schwer, ihre Anima zu integrieren und der Frau und dem Weiblichen allgemein den entsprechenden Platz einzuräumen. Uns gilt als wichtig und wertvoll, was sichtbar, meßbar und berechenbar ist, deshalb ist es schwierig, Dinge, die diese Kriterien nicht erfüllen, ernstzunehmen. Von der Selbstverwirklichung der Frau wird oft mit einem ironisch-gönnerhaften Unterton gesprochen. Männer, die in dieser Richtung an sich arbeiten, haben es noch schwerer, akzeptiert zu werden. ‹Sich selbst verwirklichen› bedeutet nichts ande-res, als wirklich, also ein ganzer Mensch zu werden. – Ein Luxus, den wir uns nicht leisten können?

Ein halber Mensch entbehrt auch der Hälfte seiner Menschlichkeit, das spüren wir heute täglich. In unserem öffentlichen Leben wird dem Bemühen um menschliche Ganzheit wenig Raum gegeben. Wenn überhaupt, dann wird diesem Bereich in der privaten Familiensphäre Beachtung geschenkt, und auch hier wird er überwiegend als wenig gewinnbringende ‹Gefühlsduselei› den Frauen zugeordnet. In unserer Gesellschaft wird nicht auf Ganzheit, sondern auf Teilung und Spezialisierung hingearbeitet, hauptsächlich in den Wissenschaften, die die Welt in verschiedene, scheinbar völlig unabhängig voneinander existierende Bereiche unterteilen. Besonders deutlich wird das in der Medizin, die den Menschen in verschiedene Teile aufspaltet, um Krankheitssymptome besser bekämpfen zu können, dabei aber oft den ganzen Menschen aus den Augen verliert. All dies geschieht in dem Bestreben, die aufgesplitterten Lebensräume möglichst genau zu verstehen, um sie besser beherrschen zu können. Letztendlich steht auch dahinter die menschliche Urangst vor Abhängigkeit und Ohnmacht.

Norm und menschliche Eigen-Art

Die Schwierigkeit, die die meisten Menschen haben, ihre innere Stimme wahrzunehmen und zu integrieren, ist nicht nur persönlicher Art, sondern liegt auch in der Art begründet, wie sich unsere Gesellschaft entwickelt hat. Es kann hilfreich sein, sich diese Entwicklung noch einmal kurz vor Augen zu führen: Seit jeher versuchen Menschen, die Welt nach bestimmten Ordnungsprinzipien zu erklären. Die klassische Physik geht zum Beispiel davon aus, daß alles berechenbar und vorhersagbar ist, solange man nur alle Aspekte des Anfangsstadiums kennt. In diesem Weltbild ist kein Platz für Abweichungen, es sei denn, sie würden als Ausnahme von der Regel erklärt. Offenbar entsprechen solche Erklärungsmodelle mehr dem menschlichen Ordnungsbedürfnis, seinem Bestreben, sich selbst und die Welt ‹im Griff› zu haben, als der Realität. So ist es bis heute nicht gelungen, trotz modernster Meß- und Forschungsgeräte, auch nur die Entwicklung des Wetters zuverlässig vorauszusagen, ganz zu schweigen von geschichtlichen Abläufen oder inneren Entwicklungen. Winzige Abweichungen von den angenommenen Voraussetzungen können zu enormen Veränderungen führen – der sogenannte Schmetterlingseffekt.[25]

Ist es unter diesen Umständen noch legitim, von Ausnahmen und Regeln zu sprechen? Sind es nicht gerade diese ‹Ausnahmen›, die als lebenswichtiges Element Entwicklungen in Gang setzen?

Die moderne Chaosforschung führt als Beispiel das menschliche Herz an: sein Leben lang weicht seine Schlagfrequenz mehr oder weniger geringfügig von der Gleichmäßigkeit ab. Untersuchungen haben nun ergeben, daß acht Tage vor dem Herzstillstand die Schläge gleichmäßiger werden, und daß das Herz die letzten dreizehn Stunden vor dem Tod völlig regelmäßig schlägt.[26] Das Chaos, das dem menschlichen und jedem Leben zugrunde liegt, hat zwar seine Gesetzmäßigkeiten, aber diese Prozesse sind keineswegs wiederhol- oder vorhersagbar. Absolut gleich und regelmäßig können nur tote Dinge sein.

Wir haben uns schon so daran gewöhnt, uns mit identischen, genormten Gegenständen zu umgeben, daß wir uns eine Zeit, in der keine zwei Dinge gleich waren, kaum noch vorstellen können. Diese Zeit liegt aber noch gar nicht so lange zurück. Bis zur Industrialisierung waren die von Menschen hergestellten Produkte niemals völlig gleich. Jeder Gegenstand trug die Handschrift seines Herstellers, und wenn auch eine gewisse Norm in Farbe, Größe, Gewicht etc. angestrebt wurde, so unterschied sich doch jeder zwangsläufig in vielleicht kaum wahrnehmbaren Details vom anderen.

In der Natur gab und gibt es sowieso keine genau gleichen Lebewesen. Vielleicht war es darum unseren Vorfahren nicht möglich, in Normen zu denken, was dazu führte, daß sogenannte Abweichungen als Bestandteile der verschiedenartigen Lebensformen betrachtet wurden. Wir können annehmen, daß die Erfahrung ‹nichts ist gleich› eine viel größere Akzeptanz auch menschlicher Schwächen, Krankheiten und Verrücktheiten ermöglichte.

Wir machen in unserer heutigen Welt eher umgekehrte Erfahrungen: alles zielt darauf ab, gleich zu sein, und wir müssen uns sehr bemühen, um die menschliche Einzigartigkeit überhaupt wahrnehmen zu können. Müttern wird beigebracht, schon ihre Säuglinge vor und nach jeder Mahlzeit zu wiegen und die Gewichtszunahmen in eine Tabelle einzutragen. Abweichungen von der Tabellennorm geben Anlaß zu Besorgnis. In Schulen wird den Kindern nicht die Möglichkeit gegeben, ihr eigenes Arbeitstempo und ihr Lernverhalten herauszufinden, sondern es wird ein Durchschnitt ermittelt, dem sie entsprechen sollen. Das setzt sich im Berufsleben mit Zeituhren, Schicht- und Akkordarbeit fort (ermutigende Trends sind Ideen wie ‹offener Unterricht› in Schulen und gleitende Arbeitszeit oder Jobsharing).

All diese Erfahrungen wirken unserem natürlichen Bedürfnis, uns als einmaliges Wesen zu begreifen und den eigenen Weg zu gehen, entgegen. Wir unterdrücken lieber Gedanken und Gefühle, die nicht den allgemeinen Normen und Werten entsprechen, und richten uns nach idealen Zielvorstellungen, anstatt herauszufinden, wie unser eigenverantwortlicher Umgang mit uns und unseren Mitmenschen aussehen könnte. Aber das, was wir aus unserem bewußten

Leben verdrängt haben, die Sehnsucht nach uns selbst, offenbart sich in unserem Unbewußten, in Träumen, in Symbolen, in Märchen.

Es besteht offensichtlich eine gewisse Ambivalenz dem Unbewußten und dem Gefühlsbereich gegenüber: Einerseits wird in unserer Kultur großer Wert auf Individualität gelegt, andererseits wird das Eigen-artige nicht ernst genommen oder abgelehnt, weil Abweichungen von der Norm uns beunruhigen.

Psychische Vorgänge sind besonders schwer zu vereinheitlichen und in den Griff zu bekommen. So kann es zu solch paradoxen Vorgängen kommen, daß ein Mensch, der im Moment der Gefahr seine Angstgefühle ausdrückt, als eine größere Bedrohung angesehen wird als die Gefahr selbst. Viele Menschen haben diese Erfahrung zum Beispiel in den Friedensbewegungen der achtziger Jahre gemacht. Hier erschien die subjektive Äußerung von – eventuell unkontrollierbarer – Angst und Wut der Mehrheit der Bevölkerung bedrohlicher als die anstehende Gefahr der atomaren Hochrüstung.

Die Wahrnehmung der eigenen Subjektivität zwingt den Menschen dazu, sich mit seiner Andersartigkeit auseinanderzusetzen und die Verantwortung dafür zu übernehmen. Insofern hat die ‹Wendung nach innen› nichts mit selbstsüchtigem Egozentrismus zu tun, fordert sie doch vom Menschen gerade, ehrlich und sozial verantwortlich zu leben und die Augen nicht vor unerwünschten angstmachenden Entwicklungen in und um sich zu verschließen. Wir alle neigen dazu, uns auf Objektivität, auf Autoritäten zu verlassen und zu berufen, weil wir dadurch Verantwortung abgeben können. Wir unterteilen unser Leben in einen offiziellen Sektor, in dem nach der Norm gelebt wird, und einen privaten Bereich, in dem wir uns eigenverantwortlich fühlen. Das verstärkt die Aufspaltung der Persönlichkeit – die schon durch die starre Trennung von Gut und Böse, männlich und weiblich bewirkt wird – und führt zu einem enormen Verlust an Menschlichkeit.

In den vorangegangenen Kapiteln habe ich versucht zu skizzieren, wie es zur « Dämonisierung des Naturhaft-Weiblichen »[27] kommen konnte. In uns allen rumort und arbeitet, wie Ingrid Riedel sagt:

> «... von weit her noch etwas Verdrängtes aus dem Bereich der Mutter Natur, das nicht freigesetzt ist. Und um unseres seelischen Gleichgewichts und unserer seelischen Gesundheit willen können wir es uns nicht leisten, die Probleme, die die Märchen so deutlich zeigen, noch länger unbearbeitet zu lassen. Es geht wohl darum, im umfassenden Sinn wieder Frieden mit der Natur zu schließen, der inneren in uns wie der äußeren, um dadurch auch einer Weiterzerstörung der Natur um uns und in uns zuvorzukommen, ihr Einhalt zu gebieten.»[28]

Von den Märchenhelden – wobei ich hier die Eltern als solche betrachte – können wir dabei lernen, den eigenen Weg zu suchen, ihn trotz aller Hindernisse zu gehen und dabei zu sehen, was die Entwicklung voranbringt und was Stagnation bewirkt.

Märchen als Ausdruck von Eltern-Kind-Konflikten

Hänsel und Gretel
Fressen oder gefressen werden –
Ein Problem der Mütter

Vor einem großen Walde wohnte ein armer Holzhacker, der hatte nichts zu beißen und zu brechen, und kaum das tägliche Brod für seine Frau und seine zwei Kinder, Hänsel und Gretel. Einmal konnte er auch das nicht mehr schaffen, und wußte sich nicht zu helfen in seiner Noth. Wie er abends vor Sorge sich im Bett herumwälzte, da sagte seine Frau zu ihm: «höre Mann, morgen früh nimm die beiden Kinder, gieb jedem noch ein Stückchen Brod, dann führ sie hinaus in den Wald, mitten inne, wo er am dicksten ist, da mach ihnen ein Feuer an, und dann geh weg und laß sie dort, wir können sie nicht länger ernähren.» «Nein Frau, sagte der Mann, das kann ich nicht über mein Herz bringen, meine eigenen lieben Kinder zu den wilden Thieren zu führen, die sie bald in dem Wald zerreißen würden.» «Wenn du das nicht thust, sprach die Frau, so müssen wir alle miteinander Hungers sterben»; da ließ sie ihm keine Ruhe, bis er Ja sagte.

Die zwei Kinder waren auch noch wach von Hunger, und hatten alles gehört, was die Mutter zum Vater gesagt hatte. Gretel dachte, nun ist es um dich geschehen und fing erbärmlich an zu weinen, Hänsel aber sprach: «sey still, Gretel, und gräm dich nicht, ich will uns helfen.» Damit stieg er auf, zog sein Röcklein an, machte die Unterthüre auf und schlich hinaus. Da schien der Mond hell und die weißen Kieselsteine glänzten wie lauter Batzen. Hänsel bückte sich und machte sich sein ganz Rocktäschlein voll davon, soviel nur hinein wollten, dann ging er zurück ins Haus: «tröste dich, Gretel und schlaf nur ruhig», legte sich wieder ins Bett und schlief ein.

Morgens früh, ehe die Sonne noch aufgegangen war, kam die Mutter und weckte sie alle beide: «steht auf, ihr Kinder, wir wollen in den Wald gehen, da habt ihr jedes ein Stücklein Brod, aber haltets zu Rathe und hebts euch für den Mittag auf.» Gretel nahm das Brod unter die Schürze, weil Hänsel die Steine in der Tasche hatte, dann machten sie sich auf den Weg in den Wald hinein. Wie sie ein Weilchen gegangen waren, stand Hänsel still und guckte nach dem Haus zurück, bald darauf wieder und immer wieder. Der Vater sprach: «Hänsel, was guckst du zurück und hältst dich auf, hab Acht und marschir zu.» – «Ach, Vater, ich sehe nach meinem weißen Kätzchen, das sitzt oben auf dem Dach und will mir Ade sagen.» Die Mutter sprach: «ei Narr, das ist dein Kätzchen nicht, das ist die Morgensonne, die auf den Schornstein scheint.» Hänsel aber hatte nicht nach dem Kätzchen gesehen, sondern immer einen von den blanken Kieselsteinen aus seiner Tasche auf den Weg geworfen.

Wie sie mitten in den Wald gekommen waren, sprach der Vater, «nun sammelt Holz, ihr Kinder, ich will ein Feuer anmachen, daß wir nicht frieren.» Hänsel und Gretel trugen Reisig zusammen, einen kleinen Berg hoch. Da steckten sie es an, und wie die Flamme recht groß brannte, sagte die Mutter: «nun legt euch ans Feuer und schlaft, wir wollen in den Wald und das Holz fällen, wartet, bis wir wieder kommen, und euch abholen.»

Hänsel und Gretel saßen an dem Feuer, bis Mittag, da aß jedes sein Stücklein Brod, und dann wieder bis an den Abend; aber Vater und Mutter blieben aus, und niemand wollte kommen und sie abholen. Wie es nun finstere Nacht wurde, fing Gretel an zu weinen, Hänsel aber sprach: «wart nur ein Weilchen, bis der Mond aufgegangen ist». Und als der Mond aufgegangen war, faßte er die Gretel bei der Hand, da lagen die Kieselsteine wie neugeschlagene Batzen und schimmerten und zeigten ihnen den Weg. Da gingen sie die ganze Nacht durch, und wie es Morgen war, kamen sie wieder bei ihres Vaters Haus an. Der Vater freute sich von Herzen, als er seine Kinder wieder sah, denn er hatte sie ungern allein gelassen, die Mutter stellte sich auch, als wenn sie sich freute, heimlich aber war sie bös.

Nicht lange darnach, war wieder kein Brod im Hause und Hänsel und Gretel hörten wie Abends die Mutter zum Vater sagte: «einmal haben die Kinder den Weg zurückgefunden, und da habe ichs gut seyn lassen, aber jetzt ist wieder nichts, als nur noch ein halber Laib Brod im Haus, du mußt sie morgen tiefer in den Wald führen, daß sie nicht wieder heimkommen können, es ist sonst keine Hülfe für uns mehr.» Dem Mann fiels schwer aufs Herz, und er gedachte, es wäre doch besser, wenn du den letzten Bissen mit deinen Kindern theiltest, weil er es aber einmal gethan hatte, so durfte er nicht nein sagen. Hänsel und Gretel hörten das Gespräch der Eltern; Hänsel stand auf und wollte wieder Kieselsteine auflesen, wie er aber an die Thüre kam, da hatte sie die Mutter zugeschlossen. Doch tröstete er die Gretel und sprach: «schlaf nur, lieb Gretel, der liebe Gott wird uns schon helfen.»

Morgens früh erhielten sie ihr Stücklein Brod, noch kleiner als das vorigemal. Auf dem Wege bröckelte es Hänsel in der Tasche, stand oft still, und warf ein Bröcklein an die Erde. «Was bleibst du immer stehen, Hänsel, und guckst dich um, sagte der Vater, geh deiner Wege.» – «Ach! ich seh nach meinem Täubchen, das sitzt auf dem Dach und will mir Ade sagen» – «du Narr», sagte die Mutter, das ist dein Täubchen nicht, das ist die Morgensonne, die auf den Schornstein oben scheint.» Hänsel aber zerbröckelte all sein Brod und warf die Bröcklein auf den Weg.

Die Mutter aber führte sie noch tiefer in den Wald hinein, wo sie ihr Lebtag nicht gewesen waren, da sollten sie wieder einschlafen bei einem großen Feuer, und Abends wollten die Eltern kommen und sie abholen. Zu Mittag theilte Gretel ihr Brod mit Hänsel, weil der seins all auf den Weg gestreut; der Mittag verging und der Abend verging, aber niemand kam zu den armen Kindern. Hänsel tröstete die Gretel und sagte: «wart, wenn der Mond aufgeht, dann seh ich die Bröcklein Brod, die ich ausgestreut habe, die zeigen uns den Weg nach Haus.» Der Mond ging auf, wie aber Hänsel nach den Bröcklein sah, da waren sie weg, die viel tausend Vöglein in dem Wald, die hatten sie gefunden und aufgepickt. Hänsel meinte doch den Weg nach Haus zu finden und zog die Gretel mit sich, aber sie verirrten sich bald in der großen Wildniß und gingen die Nacht und den ganzen Tag, da schliefen sie vor Müdigkeit ein; und gingen noch einen Tag, aber sie kamen nicht aus dem Wald heraus, und waren so hungrig, denn sie hatten nichts zu essen, als ein paar kleine Beerlein, die auf der Erde standen.

Am dritten Tage gingen sie wieder bis zu Mittag, da kamen sie an ein Häuslein, das war ganz aus Brod gebaut und war mit Kuchen gedeckt, und die Fenster waren von hellem Zucker. «Da wollen wir uns niedersetzen und uns satt essen, sagte Hänsel; ich will vom Dach essen, iß du vom Fenster, Gretel, das ist fein süß für dich.» Hänsel hatte schon ein gut Stück vom Dach und Gretel schon ein paar runde Fensterscheiben gegessen, und brach sich eben eine neue aus, da hörten sie eine feine Stimme, die von innen herausrief:

«knuper, knuper, Kneischen!
wer knupert an meinem Häuschen!»

Hänsel und Gretel erschracken so gewaltig, daß sie fallen ließen, was sie in der Hand hielten, und gleich darauf sahen sie aus der Thüre eine kleine steinalte Frau schleichen. Sie wackelte mit dem Kopf und sagte: «ei, ihr lieben Kinder, wo seyd ihr denn hergelaufen, kommt herein mit mir, ihr sollts gut haben», faßte beide an der Hand und führte sie in ihr Häuschen. Da ward gutes Essen aufgetragen und Pfannkuchen mit Zucker, Aepfel und Nüsse, und dann wurden zwei schöne Bettlein bereitet, da legten sich Hänsel und Gretel hinein, und meinten sie wären wie im Himmel.

Die Alte aber war eine böse Hexe, die lauerte den Kindern auf, und hatte um sie zu locken ihr Brodhäuslein gebaut, und wenn eins in ihre Gewalt kam, da machte sie es todt, kochte es und aß es, und das war ihr ein Festtag. Da war sie nun recht froh, wie Hänsel und Gretel ihr zugelaufen kamen. Früh, ehe sie noch erwacht waren, stand sie schon auf, ging an ihre Bettlein und wie sie die zwei so lieblich ruhen sah, freute sie sich und gedachte, das wird ein guter Bissen für dich seyn. Sie packte Hänsel und steckte ihn in einen kleinen Stall, und wie er da aufwachte, war er von einem Gitter umschlossen, wie man junge Hühnlein einsperrt, und konnte nur ein paar Schritte gehen. Das Gretel aber schüttelte sie und rief: steh auf, du Faullenzerin, hol Wasser und geh in die Küche und koch gut zu essen, dort steckt dein Bruder in einem Stall, den will ich erst fett machen, und wann er fett ist, dann will ich ihn essen, jetzt sollst du ihn füttern. Gretel erschrack und weinte, mußte aber thun, was die Hexe verlangte. Da ward nun alle Tage dem Hänsel das beste Essen gekocht, daß er fett werden sollte, Gretel aber bekam nichts, als die Krebsschalen, und alle Tage kam die Alte und sagte: «Hänsel, streck deine Finger heraus, daß ich fühle, ob du bald fett genug bist.» Hänsel streckte ihr aber immer ein Knöchlein heraus, da verwunderte sie sich, daß er gar nicht zunehmen wolle.

Nach vier Wochen sagte sie eines Abends zu Gretel: «sey flink, geh und trag Wasser herbei, dein Brüderchen mag nun fett genug seyn oder nicht, morgen will ich es schlachten und sieden, ich will derweile den Teig anmachen, daß wir auch dazu backen können.» Da ging Gretel mit traurigem Herzen und trug das Wasser, worin Hänsel sollte gesotten werden. Früh Morgens mußte Gretel aufstehen, Feuer anmachen und den Kessel mit Wasser aufhängen. «Gieb nun Acht, bis es siedet, sagte die Hexe, ich will Feuer in den Backofen machen und das Brod hineinschieben»;

Gretel stand in der Küche und weinte blutige Thränen, und dachte, hätten uns lieber die wilden Thiere im Walde gefressen, so wären wir zusammen gestorben und müßten nun nicht das Herzeleid tragen, und ich müßte nicht selber das Wasser zu dem Tod meines lieben Bruders sieden, du lieber Gott, hilf uns armen Kindern aus der Noth.

Da rief die Alte: «Gretel komm gleich einmal hierher zu dem Backofen», wie Gretel kam, sagte sie: «guck hinein, ob das Brod schon hübsch braun und gar ist, meine Augen sind schwach, ich kann nicht soweit sehen, und wenn du auch nicht kannst, so setz dich auf das Brett, so will ich dich hineinschieben, da kannst du darin herumgehen und nachsehen.» Wenn aber Gretel darin war, da wollte sie zumachen und Gretel sollte in dem heißen Ofen backen, und sie wollte es auch aufessen: das dachte die böse Hexe, und darum hatte sie das Gretel gerufen. Gott gab es aber Gretel ein und sie sagte: «ich weiß nicht, wie ich das anfangen soll, zeigs mir erst, setz dich drauf, ich will dich hineinschieben.» Und die Alte setzte sich auf das Brett, und weil sie leicht war, schob sie Gretel hinein soweit sie konnte, und dann machte sie geschwind die Thüre zu, und steckte den eisernen Riegel vor. Da fing die Alte an in dem heißen Backofen zu schreien und zu jammern, Gretel aber lief fort, und sie mußte elendiglich verbrennen.

Und Gretel lief zum Hänsel, machte ihm sein Thürchen auf und Hänsel sprang heraus, und sie küßten einander und waren froh. Das ganze Häuschen war voll von Edelgesteinen und Perlen, davon füllten sie ihre Taschen, gingen fort und fanden den Weg nach Haus. Der Vater freute sich als er sie wieder sah, er hatte keinen vergnügten Tag gehabt, seit seine Kinder fort waren, und ward nun ein reicher Mann. Die Mutter aber war gestorben.

***

‹Hänsel und Gretel› ist eins der beliebtesten und bekanntesten Märchen aus der Grimmschen Sammlung. Schon diese Tatsache läßt darauf schließen, daß hier etwas Wichtiges erzählt wird, etwas, das alle angeht.

Wir werden feststellen, daß es hier um die Ablösung geht, ein Thema, das gemäß einer Untersuchung von Walter Scherf, der die Anfänge aller gängigen Kindermärchen im Hinblick auf Familienkonflikte untersucht hat, von zentraler Bedeutung ist.[29] Er hat herausgefunden, daß von 176 Märchen 169 mit Ablösungskonflikten zwischen Erwachsenen und Kindern beginnen. Dies ist offensichtlich ein Hauptthema menschlichen Zusammenlebens und menschlicher Entwicklung.

Das Märchen ‹Hänsel und Gretel› ist von vielen Interpreten aus unterschiedlichen Blickwinkeln betrachtet worden, meist im Hinblick auf die Entwicklung der Hauptpersonen, nämlich der Kinder.[30] Ich möchte im Rahmen unseres Themas die Eltern in den Vordergrund stellen und ihren Motiven und Gefühlen nachgehen.

Zunächst fragen wir uns natürlich, wieso die Mutter Hänsel und Gretel im Wald aussetzt. Wir wissen, es ist kein Brot mehr im Haus, um alle zu ernähren. Ist das aber ein Grund, die Kinder dem Hungertod im Walde preiszugeben? Hätten sich hier nicht noch andere Lösungsmöglichkeiten angeboten? – Und wenn es zum Äußersten kommt: Wäre es nicht besser, das letzte Stück Brot mit den Kindern zu teilen, anstatt sie fortzuschicken, um selbst überleben zu können?

Wir empfinden ein solches Elternverhalten als selbstsüchtig und unnatürlich; so kann nur eine Rabenmutter handeln. Auch als erwachsene Hörer oder Leser wollen wir uns nicht mit diesen Eltern identifizieren, unsere Helden sind die Kinder.

Sind es nur sinnlose Grausamkeit oder kaltherziger Egoismus, welche die Eltern zu ihrem Handeln treiben? Betrachten wir die Symbole dieses Märchens, so werden wir mehr über ihre Beweggründe erfahren.

Fast alle Märchen gehen von einem Mangel oder von einer zu lösenden Aufgabe aus, die die Handlung in Gang setzen. Hier mangelt es am täglichen Brot. Das Brot als Hauptnahrungsmittel und Lebensnotwendigkeit («... gib uns heute unser tägliches Brot ...»[31]) hat auch die Bedeutung von geistiger Speise oder Seelennahrung. In vielen Religionen wird Brot geopfert und gilt als heilig, im Christentum wird das Abendmahlsbrot zum Symbol der Liebe und Aufopferung Christi.

Aber auch im täglichen Leben besteht ein enger Zusammenhang zwischen Nahrung und Liebe. In etlichen Redewendungen kommt dies zum Ausdruck, zum Beispiel: ‹Liebe geht durch den Magen›, ‹Ich hab dich zum Fressen gern›. Liebesentzug führt bei vielen Menschen zum verstärkten Konsum von Süßigkeiten als Ersatz, umgekehrt nehmen verliebte Menschen oft weniger Nahrung zu sich – sie werden von der Liebe satt. Eine besondere Verflechtung von Nahrung und Liebe besteht natürlich im Verhältnis zwischen Müttern und Kindern, da Mütter beim Stillen ihre Kinder ja zunächst durch ihren eigenen Körper ernähren. Auch später noch wickelt sich ein wichtiger Teil der Mutter-Kind-Beziehung über die Ernährung ab. Kein Wunder, daß sich hier ein Feld für viele Konflikte und Machtspiele bietet.

Hänsel und Gretels Eltern nun haben nicht mehr genug Brot für alle, sie können ihren Kindern nichts mehr geben, das ist ein Symbol dafür, daß sie mit ihrer Liebesfähigkeit am Ende sind. Der Vater möchte das nicht wahrhaben, die Mutter aber spürt: «Ich kann nicht mehr, ich bin an die Grenze meines Gebenkönnens gestoßen, jetzt muß ich erst einmal für mich selber sorgen.» Wir Eltern geraten immer wieder an solche Grenzen, und die meisten finden es schwer, sich das einzugestehen. Hänsel und Gretels Mutter kann das, muß es wohl auch. Zu sehr hat sie sich bereits verausgabt.

Kinder brauchen viel, und sie wollen immer alles sofort. Aber woher nehmen Eltern immer wieder die Kraft, auf die Kinder einzugehen, eigene Bedürfnisse zurückzustellen, zu versorgen, zu lieben? Haben sie ein unerschöpfliches Reservoir an Liebe, aus dem sie sich nur zu bedienen brauchen? Müssen sie nicht ab und zu auch wieder ‹auftanken›? Und wenn ja, wie können sie das tun?

Hänsel und Gretels Mutter wendet hier ein radikales Mittel an: Sie ist am Ende ihrer Kräfte und schickt nun die Kinder fort in den Wald, am liebsten auf Nimmerwiedersehen. – Nun kann sie selber endlich wieder einmal satt werden.

Satt werden: Was kann das für uns Eltern konkret bedeuten? Es kommt darauf an, woran es uns fehlt in unserem Leben mit Kindern, wonach wir manchmal hungern. Vielleicht nach intensiven Gesprächen mit Erwachsenen, geistiger Anregung, Zeit, mit uns selbst oder dem Partner allein zu sein, eine Arbeit im eigenen Rhythmus und ohne Unterbrechung auszuführen ...

Machen wir uns noch einmal klar, wie tiefgreifend sich unser Leben durch unsere Kinder verändert, denn nicht nur wir beeinflussen ihr Leben, sie beeinflussen unseres ebensosehr: Mit der Geburt eines Kindes wandelt sich die Beziehung zwischen zwei Partnern. Wir sind nun nicht mehr vorwiegend aufeinander bezogen, sondern auf das Kind. Wir sind von diesem Zeitpunkt an nicht mehr ungestört zu zweit, und selbst, wenn es einmal eine ruhige Nacht gibt, ist ein Teil in uns immer beim Kind. Unsere Bindung an das Kind ist körperlich und seelisch so stark, daß wir Schweißausbrüche bekommen, wenn es längere Zeit schreit, und ganz wie von selbst reagieren wir ständig auf jede seiner Lebensäußerungen. Wir wissen instinktiv, daß es unsere ständige Aufmerksamkeit braucht, um zu überleben, und dementsprechend sind unser Einsatz und unsere Verantwortung in dieser Zeit riesengroß. Dadurch ist diese neue Aufgabe für Eltern wunderschön, spannend und befriedigend, andererseits aber auch sehr kräftezehrend und ermüdend. Und das nicht nur, weil wir ständig verfügbar sein müssen, sondern vor allem auch, weil wir uns vollständig nach einem fremden Lebensrhythmus, dem des Kindes, richten müssen. So stellt sich nach einiger Zeit ein Gefühl der Überforderung ein.

In dem Maße, wie unsere Kinder wachsen und gedeihen, ändern sich auch ihre Ansprüche an uns und unsere Beziehung zu ihnen. Sehr bald sind sie nicht mehr nur auf Nahrung fixiert und auf totale Versorgung durch die Eltern angewiesen. Sie entwickeln das Bestreben, Dinge selbständig auszuprobieren, Bedürfnisse selber zu befriedigen und Beziehungen außerhalb des Elternhauses aufzunehmen. Dabei brauchen sie immer noch – und noch lange Zeit – die Sicherheit und Rückversicherung durch die Eltern. In der Praxis geht dieser Ablösungsprozeß niemals glatt und problemlos vor sich, sondern ist für Kinder und Eltern ein Lernprozeß mit vielen Rückschlägen. Kinder müssen lernen, ihre Ängste gegenüber der fremden Außenwelt zu überwinden und Selbstvertrauen und Eigeninitiative zu entwickeln. Eltern müssen in dieser Zeit lernen, ihren Kindern mehr Selbständigkeit zuzugestehen, sie auch mal alleinzulassen, eigene Ängste vor der Welt und Bedürfnisse nach emotionaler Sicherheit nicht auf ihre Kinder zu projizieren. Das bedeutet einerseits Erleichterung und mehr Raum für eigene Lebensformen, andererseits auch die Schwierigkeit, nach einer Zeit der Fixierung auf das Kind, dieses auch wieder loszulassen und nach und nach zu einer selbstbestimmteren Lebensform zurückzukehren, die meist ganz neu entwickelt werden muß. Es handelt sich also um ein gegenseitiges Loslassen. Nicht nur das Kind muß sich von den Eltern lösen, sondern auch die Eltern vom Kind, und das stellt insbesondere für Mütter oft ein Problem dar.

So findet auch in unserem Märchen die Auseinandersetzung hauptsächlich zwischen der Mutter und den Kindern statt. Die Vatergestalt bleibt im Hintergrund, vage und unentschlossen, die Mutter hingegen ist kämpferisch entschlossen – auf die Frage, warum ihr Handeln im Märchen so negativ dargestellt wird, möchte ich später noch zurückkommen. Ihr radikales Vorgehen wirft die Frage auf: Hat sie vielleicht zu lange gewartet mit der Ablösung von ihren Kindern? Hat sie sich in der Beziehung zu ihnen so erschöpft, daß ihr zuletzt aus purem Selbsterhaltungstrieb nur noch diese letzte Lösung bleibt? Haben Kinder und Eltern sich zu lange aneinandergeklammert? Das könnte eine Erklärung für das Verhalten dieser Mutter und eine Antwort auf unsere Ausgangsfrage sein.

Der Vater repräsentiert zunächst die ängstliche Haltung, er traut den Kindern nicht zu, alleine zurechtzukommen, und fürchtet, sie würden im Wald von wilden Tieren zerrissen. Er kann sich nicht entschließen, sie allein loszuschikken. Aber auch die Mutter ist ambivalent, allerdings merkt man dies erst auf den zweiten Blick: Sie ist zum einen abgebildet in ihrer stiefmütterlichen Härte, die von den Kindern – und dieses Märchen ist aus dem Blickwinkel von Kindern erzählt – als unverständlich und bedrohlich erlebt wird, denn sie vertreibt sie von ihrem Zuhause.

Das Haus gilt seit vorgeschichtlicher Zeit als Symbol des Mütterlichen, Bergenden und Schützenden.[32] Die Kinder wollen sich davon nicht lösen, sie wollen zurück zu ihrer nährenden liebevollen Mutter und weiterhin von ihr versorgt werden. Das ist ausgedrückt im Pfefferkuchenhaus, zu dem sie den Weg finden. Hier können sie nun wieder in paradiesisches Kleinkindverhalten zurückfallen und ihrer oralen Gier ungehemmt nachgeben. Die Mutter bietet sich scheinbar wieder in ihrer ‹guten› Funktion an, läßt sich von den Kindern ‹auffressen›. In diesem Fall bedeutet das aber nichts Gutes mehr. Der Preis dafür, daß sich die Mutter mit ihrem nahrhaften Haus total von den Kindern vereinnahmen läßt, ist hoch. Sie wird zur Hexe, verlangt Gegenleistungen: Sie will nun ihrerseits die Kinder an sich binden, einsperren und auffressen.

Die Hexe zeigt hier die Schattenseite der zu opferbereiten mütterlichen Verhaltensweisen, ausgedrückt in der Überlegung: Wenn ich mich schon derartig für meine Kinder aufopfere, dann will ich auch etwas von ihnen haben, nämlich sie selbst und zwar mit Haut und Haaren.

Hänsel wird also in einen Käfig gesperrt und dort aufs beste versorgt – ein sehr treffendes Bild seiner Situation. Für den ersehnten Zustand der Totalversorgung muß er mit dem Verlust seiner Freiheit und – auch geistigen – Beweglichkeit bezahlen. Im Vaterhaus wurde ihm Selbständigkeit und Unabhängigkeit abverlangt, hier im Mutterhaus kann er wieder Kleinkind sein. Gretel erkennt die Gefahr und kann sie im letzten Moment bannen. Lieber will sie unversorgt und allein den Gefahren im Wald begegnen, als hier von der Hexe aufgefressen zu werden. Was ihr wahrscheinlich um so leichter fällt, als sie ja nicht dieselbe Vorzugsbehandlung genossen hat wie ihr Bruder. Sie fühlte sich eingesperrt, schlecht behandelt und ausgenutzt. Das Verhalten der Hexe scheint uns wie ein Racheakt der Mutter: «Lange genug habe ich dich genährt und verwöhnt, meine Interessen dir aufgeopfert, nun tu auch etwas für mich.» Hänsel dagegen hält sie im (goldenen) Käfig, sie will ihn ganz für sich haben und wacht eifersüchtig über ihn (die Mutter-Sohn-Bindung habe ich auf Seite 53 angesprochen).

Wir erfahren in diesem Märchen viel über die Schwierigkeiten von Kindern auf ihrem Weg in die Selbständigkeit, welche Angst dieser Weg in ihnen auslöst, wie hilflos und verwirrt sie sich dabei oft fühlen und wie sie am liebsten immer wieder zur sicheren mütterlichen Versorgung zurückkehren wollen. Wir sehen, wie sie sich im Wald verirren, sich noch nicht zurechtfinden. Der Wald gilt als Symbol innerer Wachstumskräfte.

> «Es ist ein Grenzgebiet zwischen Sinnes- und Geisteswelt. Dort kann die Triebnatur besonders hervorbrechen (das Wild im Walde). Hier werden Entwicklungswege gesucht, man kann sich verirren, aber auch den sicheren Weg finden.»[33]

Aber auch für die Eltern ist dieser Weg nicht leicht und gerade. Wir können nachvollziehen, welche Schwierigkeiten die Mutter hat, den altersgemäßen Entwicklungsweg ihrer Kinder zu unterstützen, ohne sich selbst dabei aus den Augen zu verlieren. In unserem Märchen schwankt sie zwischen den beiden Extremen Überforderung der Kinder – zuviel Selbständigkeit – und Unterforderung – zuviel Versorgung – hin und her. Die Gefahren für die Kinder werden dabei deutlich: Im ersten Fall fühlen sie sich unsicher und alleingelassen, im zweiten benutzt und eingesperrt.

Mit beiden Verhaltensweisen aber überfordert die Mutter auch sich selbst. Zunächst hat sie sich in ihrer alltäglichen Beziehung zu den Kindern so verausgabt, daß sie diese nun überhaupt nicht mehr ertragen, ihnen gar nichts mehr geben kann, so daß sie sie ganz abweist. Als die Kinder sich nicht abweisen lassen wollen, weil sie diesen abrupten Umschwung nicht verstehen können, stellt sie sich ihnen wieder zur Verfügung, und zwar in der einzigen Art, die sie gelernt hat, indem sie sich völlig vereinnahmen läßt.

Dieses Mutterverhalten, das bei Kleinkindern nötig ist, hat nun für beide Teile keinen Sinn mehr und führt zu gegenseitiger Entwicklungshemmung. Die Kinder lernen hier ihre Lektion, während die Mutter in eingefahrenen Verhaltensweisen steckenbleibt, die keine Zukunft haben, was ausgedrückt ist im Tod der Mutter. Es ist die unangepaßte, überholte Art von Mütterlichkeit, die sterben muß, und zwar in beiden Aspekten: dem der Mutter und dem der Hexe.

Eine Ursache dafür, daß die Mutter in diesem Märchen so wenig Chancen hat, sehe ich in unserem Mutterideal. Das Verhalten der Mutter, die ihre Kinder aus dem Haus treibt, wird hier sehr radikal und ausschließlich negativ dargestellt. Mit dieser Frau möchte sich keine Mutter identifizieren. Noch weniger natürlich mit der anderen Muttergestalt, der Hexe.

Vergleichen wir die verschiedenen Fassungen der Grimmschen Märchenausgaben, so erkennen wir, daß das Gegensatzpaar guter Vater–böse Mutter mit der Zeit immer ausgeprägter herausgearbeitet wurde. Darauf weist Elisabeth Müller in ihrem Buch *Das Bild der Frau im Märchen* hin.[34] So steht in der ersten handschriftlichen Fassung von 1810: «Da sprach seine Frau abends im Bett zu ihm: ‹nimm die beiden Kinder morgen früh und führ sie in den großen Wald, gib ihnen noch das übrige Brod, und mach ihnen ein groß Feuer an und danach geh weg und laß sie allein.›» Und weiter: «‹Der Mann wollte lange nicht, aber die Frau ließ ihm keine Ruh, bis er endlich einwilligte.›» Vergleichen wir damit die späteren Fassungen, so sehen wir, daß die Bosheit der Mutter hier viel stärker betont wird – diese Frau können wir weit von uns wegschieben!

Wir erinnern uns an dieser Stelle an unser Mutterideal und an die geistigen und gesellschaftlichen Bedingungen, unter denen es entstanden ist. Die Frau wird auf ihre Funktion als Mutter reduziert und ist in dieser Rolle ausschließlich liebe- und verständnisvoll schützend und opferbereit, und insofern gut. Kann oder will sie das nicht sein, zeigt sie Ermüdungserscheinungen, eigene Bedürfnisse, Gefühle oder gar Ansprüche, so ist sie böse – eine Stiefmutter.

Eine Mutter, die ihre Kinder aus eigener innerer oder äußerer Not allein läßt, wird auch heute noch als ausschließlich böse beurteilt und kann von keiner Seite mit Verständnis rechnen, da sie ja in der wichtigsten Aufgabe, die ihr als Frau zufällt, versagt hat. Eine Mutter, die ein ungewolltes Kind abtreiben läßt, also wieder fortschickt, tut dies möglichst heimlich, da sie auch heute noch die Haßausbrüche ihrer Mitmenschen fürchten muß. Eine überforderte Mutter sucht sich keine Kinderfrau, nur zu ihrer eigenen Entlastung – wenn sie es nicht aus beruflichen Gründen tun muß –, es sei denn, sie nimmt das kopfschüttelnde Unverständnis ihrer Umgebung in Kauf: «Was braucht die Frau denn eine Kinderfrau, sie hat doch den ganzen Tag nichts weiter zu tun, als nur den Haushalt und die Kinder zu versorgen. Wenn sie das nicht einmal schafft, dann ist wohl irgendwas nicht in Ordnung mit ihr!» Solche und ähnliche Gedanken würden in den Köpfen ihrer Mitmenschen und auch in ihrem eigenen herumspuken und ein schlechtes Gewissen hervorrufen. Selbstverständlich schafft eine Mutter die Arbeit zu Hause und oft nebenbei auch noch im Beruf. Erst wenn sie offensichtlich – also für alle anderen sichtbar – am Ende ihrer Kräfte ist, werden sie selber und ihre Umwelt akzeptieren, daß sie sich Erleichterung sucht – eine Kur, einen Urlaub, eine Haushaltshilfe. Viele Mütter machen aber auch dann noch weiter, wenn sie eigentlich schon nicht mehr können. Lieber werden sie krank, als ihren eigenen Bedürfnissen nach Ruhe oder geistiger Beschäftigung, nach Anerkennung oder Selbstbestimmung, nach Alleinsein nachzugeben. Denn eigene Bedürfnisse hat eine ‹gute Mutter› nicht, das würde ja bedeuten, daß sie sich ab und zu von Mann und Kindern ab- und sich selber zuwenden würde. Und daß sie neben Mutter auch noch vieles andere sein kann: Frau, Kollegin, Geliebte, Künstlerin, Chefin oder Arbeiterin; ein ganz normaler Mensch eben mit eigenen Bedürfnissen und Ansprüchen. Die ihre Kinder auch ab und zu allein ‹in den Wald› schicken kann, ohne daß die Stimme ihres schlechten Gewissens ihr einflüstert: Du läßt deine Kinder allein, du bist eine schlechte Mutter.

Es ist oft schwer zuzugeben, daß wir uns selbst und unseren Kindern nie ganz gerecht werden können. Aber dieses

Dilemma hat auch seine positiven Seiten: Würden wir uns denn jemals von der Stelle bewegen, wenn wir in idealen Bedingungen lebten? Gerade das Gefühl unserer Unzulänglichkeit ist es, das uns treibt, unsere inneren und äußeren Lebensbedingungen zu verbessern. Und desgleichen motiviert unser Nicht(mehr)können auch die Menschen, mit denen wir zusammenleben, zu lernen, für sich selber zu sorgen und das, was wir ihnen nicht geben können, selber zu entwickeln. Unsere Kinder finden immer wieder, wie Hänsel und Gretel, nach Hause zurück, und wir können in der Zwischenzeit auch ein Stück unseres eigenen Weges gehen. Trotz der für sie extrem ungünstigen und bedrohlichen Ausgangssituation sind Hänsel und Gretel in der Lage, Selbständigkeit und Eigeninitiative zu entwickeln. Ja, sie kehren sogar mit Schätzen beladen heim, ein Zeichen dafür, daß sie aus ihrem Mutter-Hexen-Knusperhaus, von dem sie sich nun getrennt haben, viel Gutes und Wertvolles mit in ihre neue Lebensphase hineingebracht haben.

Diese Erkenntnis kann insbesondere für uns Mütter, aber auch die Väter, tröstlich und hilfreich sein. Für Kinder und Eltern ist es von Zeit zu Zeit notwendig, sich zu trennen, beide bekommen dadurch die Möglichkeit, zu sich selbst zu finden und sich weiterzuentwickeln. Dabei brauchen wir es nicht soweit kommen zu lassen wie in diesem Märchen, wo ein radikaler Bruch sich anscheinend nicht mehr vermeiden ließ.

Das würde konkret bedeuten, daß wir Eltern rechtzeitig lernen, auch für uns selbst zu sorgen, zu sehen, wie *wir* ‹satt› werden können, so daß die ‹Hungersnot› gar nicht erst in der ganzen Familie um sich greifen muß. Das schlechte Gewissen bezüglich des unerfüllten (und unerfüllbaren) Mutterideals wird vielleicht von selber verschwinden, wenn wir merken, wieviel weniger belastend ein Familienleben unter solchen Umständen ist.

Wir haben das Märchen bisher auf der Objektstufe – im Hinblick auf die Beziehungen der Eltern und Kinder untereinander – betrachtet und sehen: Für die Kinder gibt es ein Happy-End, während die Mutter durch ihr eigenes Verhalten sich ihre Entwicklungschancen verbaut.

Dieses Bild ändert sich, wenn wir auf die Subjektebene wechseln und die Mutter in den Mittelpunkt der Geschichte stellen. Alle übrigen Personen verstehen wir dann als Verkörperungen ihrer verschiedenen inneren Anteile. Auch die Kinder sind bei dieser Interpretation Teile ihres Innenlebens, und zwar diejenigen, die wachsen und sich weiterentwickeln wollen. Um das zu können, müssen sie genährt und geschützt werden. Gerade diese Seiten in sich will die Frau in unserem Märchen aber nicht sehen, sie schickt sie fort, tief in den Wald ihres Unbewußten, und hofft, daß sie dort für immer verschwinden. Warum tut sie sich das an?

Stellen wir uns hier eine Mutter vor, die gelernt hat, für andere zu sorgen, aber ihre eigenen Bedürfnisse nach liebevoller Zuwendung und innerem Wachstum nicht wahrnehmen kann. Auch deswegen nicht sehen kann, weil das im Sinne ihrer idealisierten Mutterrolle nicht mit ihrem Selbstbild übereinstimmen würde. Sie behandelt diesen Teil in sich selbst stiefmütterlich, kümmert sich nicht um ihn.

Da ist allerdings eine zaghafte innere Stimme, die mahnt und bittet und auch auf die Gefahren hinweist, im Märchen ist sie durch den Vater verkörpert. Und Gefahren gibt es tatsächlich. Die Kinder lassen sich zwar nicht unterkriegen, dafür ist ihr Lebenswille zu stark, aber sie treffen im Wald auf die Hexe.

Hier begegnet die Frau nun ihren eigenen Schattenseiten, ihrer sorgfältig versteckten Gier, ihrem Lebenshunger. Ihre inneren Kinder haben zu lange gehungert, nun geraten sie beim Anblick des nahrhaften Hauses außer Kontrolle. Ihr Lebenshunger hat die Frau also zu ihrer eigenen inneren Nahrungsquelle geführt, und nun erstarken in ihr lange weggesperrte Bedürfnisse und drohen, sie zu überwältigen. So wie die Stiefmutter in ihr sich alles versagt hat, so möchte die Hexe sich alles einverleiben, beide Extreme verhindern inneres Wachstum.

Die Märchenhexe als große Verführerin nährt sich von fremdem Leben, so wie auch Mütter manchmal nur über ihre Kinder leben und ihre eigenen Bedürfnisse auf diesem Wege befriedigen. Der Wunsch, sich zu amüsieren, Kultur zu genießen oder eigene Freunde zu besuchen, wird von vielen Frauen, sobald sie Kinder haben, ganz aufgegeben, soziale Kontakte höchstens noch im Rahmen von Krabbelgruppen aufrechterhalten. Die inneren Kinder, das heißt Lebenslust und Entwicklungsmöglichkeiten, werden zugunsten der äußeren aufgegeben.

Wenn im Märchen die Hexe die Kinder der Frau gefangensetzt, um sie aufzufressen, kann das ein Bild dafür sein, daß innere Entwicklung zum Stillstand kommt, daß es eine Seite in dieser Frau gibt, die alles festhalten, einsperren möchte.

Im Märchen können sich die Lebenskräfte der Frau aus der Umgarnung der Hexe befreien. Eine solche Mutter spürt die Gefahr, die von innerer Stagnation ausgeht. Erst als die Hexe mit ihrer bindenden Macht beseitigt ist, kann sie sich frei entfalten und die Schätze ihres Hauses wirklich nutzen. Ihre inneren Kinder können wachsen. Es geht nun nicht mehr nur um schnelle Befriedigung des Hungers. Die Edelsteine, die die Kinder aus dem versteckten Haus mitbringen, sind Symbole für eine andere, reifere Art der Selbstverwirklichung. Es ist nun ein Weg, eine Verbindung geschaffen zwischen Vaterhaus und Mutterhaus, dem Vaterhaus als Sinnbild des bewußten Sorgens und Abwägens, dem Mutterhaus als Ort der Fülle, wo man sattwerden und auftanken kann. Die lebensbejahenden kindlichen Anteile der Frau können am Ende der Geschichte beide Möglichkeiten nutzen.

Stiefmutter und Hexe als hemmende Kräfte sind überflüssig geworden und können abtreten.

Schneewittchen
Erstarrung oder Neubeginn – Ein Problem in der Lebensmitte

Es war einmal mitten im Winter, und die Schneeflocken fielen wie Federn vom Himmel, da saß eine schöne Königin an einem Fenster, das hatte einen Rahmen von schwarzem Ebenholz, und nähte. Und wie sie so nähte und nach dem Schnee aufblickte, stach sie sich mit der Nadel in den Finger, und es fielen drei Tropfen Blut in den Schnee. Und weil das Rothe in dem Weißen so schön aussah, so dachte sie: hätt ich doch ein Kind so weiß wie Schnee, so roth wie Blut und so schwarz wie dieser Rahmen. Und bald darauf bekam sie ein Töchterlein, so weiß wie der Schnee, so roth wie das Blut, und so schwarz wie Ebenholz, und darum ward es das Sneewittchen genannt.

Die Königin war die schönste im ganzen Land, und gar stolz auf ihre Schönheit. Sie hatte auch einen Spiegel, vor den trat sie alle Morgen und fragte:

«Spieglein, Spieglein an der Wand:
wer ist die schönste Frau in dem ganzen Land?»

da sprach das Spieglein allzeit:

«Ihr, Frau Königin, seyd die schönste Frau im Land.»

Und da wußte sie gewiß, daß niemand schöner auf der Welt war. Sneewittchen aber wuchs heran, und als es sieben Jahr alt war, war es so schön, daß es selbst die Königin an Schönheit übertraf, und als diese ihren Spiegel fragte:

«Spieglein, Spieglein an der Wand:
wer ist die schönste Frau in dem ganzen Land?»

sagte der Spiegel:

«Frau Königin, Ihr seyd die schönste hier,
aber Sneewittchen ist noch tausendmal schöner
als Ihr!»

Wie die Königin den Spiegel so sprechen hörte, ward sie blaß vor Neid, und von Stund an haßte sie das Sneewittchen, und wenn sie es ansah, und gedacht, daß durch seine Schuld sie nicht mehr die Schönste auf der Welt sey, kehrte sich ihr das Herz herum. Da ließ ihr der Neid keine Ruhe, und sie rief einen Jäger und sagte zu ihm: «führ das Sneewittchen hinaus in den Wald an einen weiten abgelegenen Ort, da stichs todt, und zum Wahrzeichen bring mir seine Lunge und seine Leber mit, die will ich mit Salz kochen und essen.» Der Jäger nahm das Sneewittchen und führte es hinaus, wie er aber den Hirschfänger gezogen hatte und eben zustechen wollte, da fing es an zu weinen, und bat so sehr, er möge ihm sein Leben lassen, es wollt nimmermehr zurückkommen, sondern in dem Wald fortlaufen. Den Jäger erbarmte es, weil es so schön war und gedachte: die wilden Thiere werden es doch bald gefressen haben, ich bin froh, daß ich es nicht zu tödten brauche, und weil gerade ein junger Frischling gelaufen kam, stach er den nieder, nahm Lunge und Leber heraus und bracht sie als Wahrzeichen der Königin mit, die kochte sie mit Salz und aß sie auf, und meinte sie hätte Sneewittchens Lunge und Leber gegessen.

Sneewittchen aber war in dem großen Wald mutterseelig allein, so daß ihm recht Angst ward und fing an zu laufen und zu laufen über die spitzen Steine, und durch die Dornen den ganzen Tag: endlich, als die Sonne untergehen wollte, kam es zu einem kleinen Häuschen. Das Häuschen gehörte sieben Zwergen, die waren aber nicht zu Haus, sondern in das Bergwerk gegangen. Sneewittchen ging hinein und fand alles klein, aber niedlich und reinlich: da stand ein Tischlein mit sieben kleinen Tellern, dabei sieben Löfflein, sieben

Messerlein und Gäblein, sieben Becherlein, und an der Wand standen sieben Bettlein neben einander frisch gedeckt. Sneewittchen war hungrig und durstig, aß von jedem Tellerlein ein wenig Gemüs und Brod, trank aus jedem Gläschen einen Tropfen Wein, und weil es so müd war, wollte es sich schlafen legen. Da probirte es die sieben Bettlein nach einander, keins war ihm aber recht, bis auf das siebente, in das legte es sich und schlief ein.

Wie es Nacht war, kamen die sieben Zwerge von ihrer Arbeit heim, und steckten ihre sieben Lichtlein an, da sahen sie, daß jemand in ihrem Haus gewesen war. Der erste sprach: «wer hat auf meinem Stühlchen gesessen?» Der zweite: «wer hat von meinem Tellerchen gegessen?» Der dritte: «wer hat von meinem Brödchen genommen?» Der vierte: «wer hat von meinem Gemüschen gegessen?» Der fünfte: «wer hat mit meinem Gäbelchen gestochen?» Der sechste: «wer hat mit meinem Messerchen geschnitten?» Der siebente: «wer hat aus meinem Becherlein getrunken?» Darnach sah der erste sich um und sagte: «wer hat in mein Bettchen getreten?» Der zweite: «ei, in meinem hat auch jemand gelegen?» und so alle weiter bis zum siebenten, wie der nach seinem Bettchen sah, da fand er das Sneewittchen darin liegen und schlafen. Da kamen die Zwerge alle gelaufen, und schrieen vor Verwunderung, und holten ihre sieben Lichtlein herbei, und betrachteten das Sneewittchen, «ei du mein Gott! ei du mein Gott! riefen sie, was ist das schön!» Sie hatten große Freude an ihm, weckten es auch nicht auf und ließen es in dem Bettlein liegen; der siebente Zwerg aber schlief bei seinen Gesellen, bei jedem eine Stunde, da war die Nacht herum. Als nun Sneewittchen aufwachte, fragten sie es, wer es sey und wie es in ihr Haus gekommen wäre, da erzählte es ihnen, wie seine Mutter es habe wollen umbringen, der Jäger ihm aber das Leben geschenkt, und wie es den ganzen Tag gelaufen, und endlich zu ihrem Häuslein gekommen sey. Da hatten die Zwerge Mitleiden und sagten: «wenn du unsern Haushalt versehen, und kochen, nähen, betten, waschen und stricken willst, auch alles ordentlich und reinlich halten, sollst du bei uns bleiben und soll dir an nichts fehlen; Abends kommen wir nach Haus, da muß das Essen fertig seyn, am Tage aber sind wir im Bergwerk und graben Gold, da bist du allein; hüt dich nur vor der Königin und laß niemand herein.»

Die Königin aber glaubte, sie sey wieder die allerschönste im Land, trat Morgens vor den Spiegel und fragte:

«Spieglein, Spieglein an der Wand:
wer ist die schönste Frau in dem ganzen Land?»

da antwortete der Spiegel aber wieder:

«Frau Königin, Ihr seyd die schönste hier,
aber Sneewittchen, über den sieben Bergen
ist noch tausendmal schöner als Ihr!»

Wie die Königin das hörte erschrack sie und sah wohl, daß sie betrogen worden und der Jäger Sneewittchen nicht getödtet hatte. Weil aber niemand, als die sieben Zwerglein in den sieben Bergen war, da wußte sie gleich, daß es sich zu diesen gerettet hatte, und nun sann sie von neuem nach, wie sie es umbringen könnte, denn so lang der Spiegel nicht sagte, sie wär die schönste Frau im ganzen Land, hatte sie keine Ruh. Da war ihr alles nicht sicher und gewiß genug, und sie verkleidete sich selber in eine alte Krämerin, färbte ihr Gesicht, daß sie auch kein Mensch erkannte, und ging hinaus vor das Zwergenhaus. Sie klopfte an die Thür und rief: «macht auf, macht auf, ich bin die alte Krämerin, die gute Waare feil hat.» Sneewittchen guckte aus dem Fenster: «was habt ihr denn?» – «Schnürriemen, liebes Kind», sagte die Alte, und holte einen hervor, der war von gelber, rother und blauer Seide geflochten: «willst du den haben?» – Ei ja, sprach Sneewittchen, und dachte die gute alte Frau kann ich wohl hereinlassen, die meints redlich; riegelte also die Thüre auf und handelte sich den Schnürriemen. «Aber wie bist du so schlampisch geschnürt, sagte die Alte, komm ich will dich einmal besser schnüren.» Sneewittchen stellte sich vor sie, da nahm sie den Schnürriemen und schnürte und schnürte es so fest, daß ihm der Athem verging, und es für todt hinfiel. Darnach war sie zufrieden und ging fort.

Bald darauf ward es Nacht, da kamen die sieben Zwerge nach Haus, die erschracken recht, als sie ihr liebes Sneewittchen auf der Erde liegen fanden, als wäre es todt. Sie hoben es in die Höhe, da sahen sie, daß es so fest geschnürt war, schnitten den Schnürriemen entzwei, da athmete es erst, und dann ward es wieder lebendig. «Das ist niemand gewesen, als die Königin, sprachen sie, die hat dir das Leben nehmen wollen, hüte dich und laß keinen Menschen mehr herein.»

Die Königin aber fragte ihren Spiegel:

«Spieglein, Spieglein an der Wand:
wer ist die schönste Frau in dem ganzen Land?»

der Spiegel antwortete:

«Frau Königin, Ihr seyd die schönste hier,
aber Sneewittchen bei den sieben Zwergelchen
ist tausendmal schöner als Ihr.»

Sie erschrack, daß das Blut ihr all zum Herzen lief, da sie sah, daß Sneewittchen wieder lebendig geworden war. Darnach sann sie den ganzen Tag und die Nacht, wie sie es doch noch fangen wollte, und machte einen giftigen Kamm, verkleidete sich in eine ganz andere Gestalt, und ging wieder hinaus. Sie klopfte an die Thür, Sneewittchen aber rief: «ich darf niemand hereinlassen»; da zog sie den Kamm hervor, und als Sneewittchen den blinken sah und es auch jemand ganz fremdes war, so machte es doch auf, und kaufte ihr den Kamm ab. «Komm ich will dich auch kämmen», sagte die Krämerin, kaum aber stack der Kamm dem

Sneewittchen in den Haaren, da fiel es nieder und war todt. »Nun wirst du liegen bleiben», sagte die Königin, und ihr Herz war ihr leicht geworden, und sie ging heim. Die Zwerge aber kamen zu rechter Zeit, sahen was geschehen, und zogen den giftigen Kamm aus den Haaren, da schlug Sneewittchen die Augen auf, und war wieder lebendig, und versprach den Zwergen, es wollte gewiß niemand mehr einlassen.

Die Königin aber stellte sich vor ihren Spiegel:

«Spieglein, Spieglein an der Wand:
wer ist die schönste Frau in dem ganzen Land?»

der Spiegel antwortete:

«Frau Königin, Ihr seyd die schönste hier,
aber Sneewittchen bei den sieben Zwergelchen
ist tausendmal schöner als Ihr!»

Wie das die Königin wieder hörte, zitterte und bebte sie vor Zorn: «so soll das Sneewittchen noch sterben, und wenn es mein Leben kostet!» Dann ging sie in ihre heimlichste Stube, und niemand durfte vor sie kommen, und da machte sie einen giftigen, giftigen Apfel, äußerlich war er schön und rothbäckig, und jeder der ihn sah, bekam Lust dazu. Darauf verkleidete sie sich als Bauersfrau, ging vor das Zwerghaus und klopfte an. Sneewittchen guckte und sagte: «ich darf keinen Menschen einlassen, die Zwerge haben mirs bei Leibe verboten.» – «Nun, wenn Ihr nicht wollt, sagte die Bäuerin, kann ich euch nicht zwingen, meine Äpfel will ich schon los werden, da, einen will ich euch zur Probe schenken.» – «Nein, ich darf auch nichts geschenkt nehmen, die Zwerge wollens nicht haben.» – «Ihr mögt Euch wohl fürchten, da ich will den Apfel entzwei schneiden und die Hälfte essen, da den schönen rothen Backen sollt Ihr haben!» Der Apfel war aber so künstlich gemacht, daß nur die rothe Hälfte vergiftet war. Da sah Sneewittchen, daß die Bäuerin selber davon aß, und sein Gelüsten darnach ward immer größer, da ließ es sich endlich die andere Hälfte durchs Fenster reichen, und biß hinein, kaum aber hatte es einen Bissen im Mund, so fiel es todt zur Erde.

Die Königin aber freute sich, ging nach Haus und fragte den Spiegel:

«Spieglein, Spieglein an der Wand:
wer ist die schönste Frau in dem ganzen Land?»

da antwortete er:

«Ihr, Frau Königin, seyd die schönste Frau im Land.»

«Nun hab ich Ruhe, sprach sie, da ich wieder die schönste im Lande bin, und Sneewittchen wird diesmal wohl todt bleiben.»

Die Zwerglein kamen Abends aus den Bergwerken nach Haus, da lag das liebe Sneewittchen auf dem Boden und war todt. Sie schnürten es auf und sahen, ob sie nichts giftiges in seinen Haaren fänden, es half aber alles nichts, sie konnten es nicht wieder lebendig machen. Sie legten es auf eine Bahre, setzten sich alle sieben daran, weinten und weinten drei Tage lang, dann wollten sie es begraben, da sahen sie aber daß es noch frisch und gar nicht wie ein Todter aussah, und daß es auch seine schönen rothen Backen noch hatte. Da ließen sie einen Sarg von Glas machen, legten es hinein, daß man es recht sehen konnte, schrieben auch mit goldenen Buchstaben seinen Namen darauf und seine Abstammung, und einer blieb jeden Tag zu Haus und bewachte es.

So lag Sneewittchen lange, lange Zeit in dem Sarg und verweste nicht, war noch so weiß als Schnee und so roth als Blut, und wenns die Aeuglein hätte können aufthun, wären sie so schwarz gewesen wie Ebenholz, denn es lag da, als wenn es schlief. Einmal kam ein junger Prinz zu dem Zwergenhaus und wollte darin übernachten, und wie er in die

Stube kam und Sneewittchen in dem Glassarg liegen sah, auf das die sieben Lichtlein so recht ihren Schein warfen, konnt er sich nicht satt an seiner Schönheit sehen, und las die goldene Inschrift und sah, daß es eine Königstochter war. Da bat er die Zwerglein, sie sollten ihm den Sarg mit dem todten Sneewittchen verkaufen, die wollten aber um alles Gold nicht; da bat er sie, sie mögten es ihm schenken, er könne nicht leben ohne es zu sehen, und er wolle es so hoch halten und ehren, wie sein Liebstes auf der Welt. Da waren die Zwerglein mitleidig und gaben ihm den Sarg, der Prinz aber ließ ihn in sein Schloß tragen, und ließ ihn in seine Stube setzen, er selber saß den ganzen Tag dabei, und konnte die Augen nicht abwenden; und wenn er aus mußte gehen und konnte Sneewittchen nicht sehen, ward er traurig, und er konnte auch keinen Bissen essen, wenn der Sarg nicht neben ihm stand. Die Diener aber, die beständig den Sarg herumtragen mußten, waren bös darüber, und einer machte einmal den Sarg auf, hob Sneewittchen in die Höh und sagte: «um so eines todten Mädchens willen werden wir den ganzen Tag geplagt», und gab ihm mit der Hand einen Stumpf in den Rücken. Da fuhr ihm der garstige Apfelgrütz, den es abgebissen hatte, aus dem Hals, und da war Sneewittchen wieder lebendig. Da ging es hin zu dem Prinzen, der wußte gar nicht, was er vor Freuden thun sollte, als sein liebes Sneewittchen lebendig war, und sie setzten sich zusammen an die Tafel und aßen in Freuden.

Auf den andern Tag ward die Hochzeit bestellt, und Sneewittchens gottlose Mutter auch eingeladen. Wie sie nun am Morgen vor den Spiegel trat und sprach:

«Spieglein, Spieglein an der Wand:
wer ist die schönste Frau in dem ganzen Land?»

da antwortete er:

«Frau Königin, Ihr seid die schönste hier,
aber die junge Königin ist tausendmal schöner als Ihr!»

Als sie das hörte, erschrack sie, und es war ihr so Angst, so Angst, daß sie es nicht sagen konnte. Doch trieb sie der Neid, daß sie auf der Hochzeit die junge Königin sehen wollte, und wie sie ankam, sah sie, daß es Sneewittchen war; da waren eiserne Pantoffeln im Feuer glühend gemacht, die mußte sie anziehen und darin tanzen, und ihre Füße wurden jämmerlich verbrannt, und sie durfte nicht aufhören bis sie sich zu todt getanzt hatte.

***

Es ist natürlich und auch beabsichtigt, daß wir uns in Märchen, wie auch in anderen Geschichten, mit den positiven Figuren identifizieren. Das sind meist die Söhne oder Töchter, die ihren Weg gehen und Lösungen für Probleme finden.

Die Eltern stellen in Märchen, wie schon erwähnt, meist die Problemauslöser, die ‹negativen› Seiten dar. Wir Erwachsenen, die wir unsere eigenen Wege und Lösungen suchen, können von allen Figuren, die im Märchen auftauchen, lernen, gerade auch von den negativen, denn sie repräsentieren oft die menschlichen Eigenschaften, die wir ablehnen oder nicht wahrhaben wollen, und können uns so auch Einblick in unsere eigenen, problemauslösenden Schattenseiten geben. Es ist tröstlich zu wissen, daß sie nur einen Teil von uns ausmachen, nur einen Aspekt des Ganzen darstellen. Verena Kast sagt dazu in ihrem Buch *Märchen als Therapie*:

«Bei der tiefenpsychologischen Märchendeutung, bei der wir Märchenprozesse auf typische menschliche Entwicklungsprozesse beziehen, bedienen wir uns der Deutungstechniken, die wir aus der Traumdeutung kennen: Dabei hat sich die Deutung auf der Subjektstufe gut bewährt. Bei dieser Deutungsform sind Nebenfiguren Persönlichkeitszüge der Hauptfigur. Wenn also ein Mann einer Hexe begegnet, dann begegnet er einer seiner eigenen hexenhaften Seiten. Je nachdem, welche Figuren wir als Hauptfiguren bezeichnen, ergeben sich zusätzlich verschiedene Deutungsmöglichkeiten. Symbole sind vieldeutig – Märchen sind vieldeutig –, und das ist gerade spannend. Die Korrektheit einer Deutung liegt in einem Evidenzerlebnis. Deutung beansprucht niemals alleinige Wahrheit. Gültig ist eine Deutung dann, wenn sie in sich geschlossen ist und die wichtigsten Motive des Märchens einbeziehen kann. Wenn wir Märchen in dieser Weise deuten, dann ist das ein spielerisches Nachdenken über das Leben, über existentielle Fragen, über psychische Prozesse.»[35]

Gerade weil verschiedene menschliche Seiten in den Märchen durch verschiedene Personen verkörpert werden, fällt es uns leichter, sie zu erkennen und das Zusammenspiel der Gefühle und Motive zu rekonstruieren. Da wir uns hier die Eltern als Hauptpersonen ausgewählt haben, haben wir es zunächst meistens mit der negativen, schwierigen Seite einer Person zu tun, die im Märchen als Stiefmutter, böser Vater etc. dargestellt ist. Und um diese Schwierigkeiten, die Eltern im Verhältnis zu ihren Kindern, aber in einem umfassenderen Sinne auch mit sich selbst haben, geht es ja in diesem Buch. Bleiben wir also noch bei den ‹bösen Müttern›.

Schneewittchens Mutter ist eine ihrer bekanntesten Vertreterinnen. Nicht nur schickt sie ihre Tochter allein in den Wald, nein, sie befiehlt ausdrücklich, das Mädchen zu töten und ihr dessen Leber und Lunge zu bringen, die sie dann essen will. Es reicht ihr also nicht, Schneewittchen einfach zu vernichten, sondern sie will sich Teile des Mädchens einverleiben, nämlich Leber und Lunge.

Beide Organe haben nicht nur für die Gesundheit, sondern auch für die Schönheit eines Menschen entscheidende

Bedeutung: Funktioniert die Leber nicht mehr ordnungsgemäß, so stauen sich schädliche, giftige Stoffe im Körper, die nicht mehr abgebaut oder ausgeschieden werden können; führt die Lunge dem Körper zu wenig Sauerstoff zu, so beeinflußt das ungünstig den Stoffwechsel, die Haut sowie die gesamte Haltung und Ausstrahlung eines Menschen.

Spürt die Königin bereits, daß sie hier Defizite hat? ‹Wahre Schönheit kommt von innen›, sagt eine Redensart, aber in sich selbst hat die Königin offenbar solche Schönheit nicht entwickeln können. Sie möchte sich etwas von außen zuführen, das sie reinigt und ihr neue Lebenskraft bringt. Eine fremde Leber, eine fremde Lunge sollen ihr Erleichterung bringen. – Woran droht die Königin zu ersticken? An ihrer eigenen Bosheit?

Ich glaube eher, daß Angst das Grundgefühl dieser Negativkraft ist, die ihr Leben vergiftet und ihr die Luft abschnürt.

Da ist zunächst einmal, ganz offenkundig, die Angst vor dem Verlust ihrer Schönheit. Jedesmal, wenn sie in den Spiegel schaut, hält dieser ihr vor, daß ihre Schönheit abnimmt, die Schneewittchens jedoch mit jedem Tag wächst. Bisher war die Königin unangefochten die Schönste, nun aber, im Vergleich mit ihrer heranwachsenden Tochter, merkt sie, daß sie älter wird. Das will sie nicht wahrhaben. Sie schiebt die Schuld auf Schneewittchen, macht dieses verantwortlich für ihr Dilemma und glaubt das Problem aus der Welt geschafft zu haben, wenn sie ihre Tochter verschwinden läßt. Darin irrt sie, wie wir wissen. Dieses Problem läßt sich nicht aus der Welt schaffen, denn Altwerden müssen wir alle. Die Königin möchte diese Entwicklung aufhalten, sie beharrt auf dem Jetzt-Zustand und gerät zunehmend in Panik, als sie merkt, daß dieser sich nicht aufrecherhalten läßt.

Auf den ersten Blick erscheint es uns lächerlich und übertrieben, daß eine erwachsene Frau sich so benehmen sollte.

Wieso fühlt sie sich durch ein siebenjähriges Mädchen derartig bedroht? Kann sie sich denn gar nicht an der positiven Entwicklung ihrer kleinen Tochter freuen? Wieso macht ihr deren Schönheit solche Angst?

Schönheit bedeutet im Märchen immer auch innere Schönheit. Sie deutet an, daß es sich um einen Menschen handelt, der sich um positive Entwicklung seiner Geistes- und Seelenkräfte bemüht. Ist dies nicht der Fall, wie hier bei der Königin, so wird ausdrücklich betont, sie sei schön, aber stolz. Dann wissen wir sofort, hier ist mit schön nur das Aussehen gemeint, nicht der ganze Mensch. Die Schönheit ist in diesem Fall nur Fassade, die über die innere Häßlichkeit hinwegtäuschen soll. Schneewittchens Schönheit wird in späteren Fassungen des Märchens mit dem klaren Tag verglichen, es ist eine erwachende Schönheit, deren äußere Entwicklung nicht im Gegensatz zur inneren steht. Dagegen muß die Schönheit der Königin, die nur äußerlich ist, verblassen.

Bei der Beobachtung Schneewittchens wird der Mutter auf einmal klar, was sie bis jetzt im Leben versäumt hat. Sie hat nur nach außen hin gelebt und ihre inneren Entwicklungsmöglichkeiten nie genutzt. Die Wirkung nach außen, die Bestätigung durch andere waren ihr wichtiger. Nun fürchtet sie um diese Bestätigung. Schneewittchen bekommt jetzt die Aufmerksamkeit und Bewunderung, die früher hr zugewendet wurden. Und weil sie selbst ihr Selbstvertrauen und ihre Selbstachtung nur aus der Bestätigung durch andere erfahren hat, steht sie auf einmal mit leeren Händen da. Langsam begreifen wir, wie schrecklich dieser Frau zumute sein muß, und finden ihre Panik fast gerechtfertigt.

Betrachten wir doch einmal unsere eigene Situation im Hinblick auf dieses Problem: In unserer Gesellschaft müssen Frauen in der Lebensmitte, besonders Mütter, die keine berufliche Karriere vorweisen können, eine gehörige Portion Selbstbewußtsein entwickeln, um sich nicht überall abgeschoben vorzukommen.

Als Mädchen wurden die meisten von ihnen dazu erzogen, hübsch auszusehen und sich den Wünschen ihrer Männer anzupassen, um akzeptiert zu werden. Beide Verhaltensweisen lassen sich mit zunehmendem Alter immer schwerer aufrechterhalten. Die alten Rollen passen nicht mehr, so daß Frauen in dieser Lebensphase verstärkt nach neuen Inhalten für sich suchen müssen. Männer versuchen das oft zu umgehen, indem sie sich gerade dann einer jüngeren Frau zuwenden oder die berufliche Karriere forcieren, um das alte Lebensmuster nicht aufgeben und sich ihrem Innenleben zuwenden zu müssen.

Als Mütter haben Frauen gelernt, ihre Kinder zu versorgen, möglichst immer für sie dazusein und eigene Wünsche und Bedürfnisse zurückzustellen. Auch diese Eigenschaften werden immer weniger gefragt, in dem Maße, wie die Kinder sich ablösen und erwachsen werden.

Sucht die Mutter nun einen neuen Sinn und eine Betätigung im Berufsleben, so muß sie häufig die Erfahrung machen, daß bei Stellensuche, Weiterbildungen und Umschulungen jüngere Frauen, möglichst ohne Kinder, bevorzugt werden. Wir sehen also, daß alt werden für eine Frau in unserer Gesellschaft mit vielen Schwierigkeiten einhergeht und das damit oft verbundene Gefühl von Angst und Wertlosigkeit durchaus seine Gründe hat.

Gleichzeitig erleben wir, wie neben uns unsere Kinder heranwachsen mit dem Selbstvertrauen ihrer Jugend, den Möglichkeiten, die noch vor ihnen liegen und uns an all unsere verpaßten Chancen erinnern. Spätestens zu diesem Zeitpunkt kommen wir nicht mehr an der Frage vorbei, was wir bis jetzt aus unserem Leben gemacht haben und welche Weichen wir für unsere Zukunft stellen.

Schneewittchens Mutter stellt sich diese Frage nicht. Sie bemerkt nur, was ihr alles verlorenzugehen droht und sucht nun einen Schuldigen, den sie dafür verantwortlich machen kann. Die Gefahr, in einer solchen Situation so zu reagieren, ist tatsächlich groß, denn es scheint zunächst der einfachere Weg zu sein. Wir selbst brauchen uns dabei nicht von der Stelle zu bewegen, sondern können diejenigen anklagen, die uns unserer Entwicklungschancen beraubt haben, seien es unsere eigenen Eltern, der Mann, die Kinder oder die Gesellschaft. Frustration und Eifersucht werden so die Kräfte in uns binden, die eigentlich zu unserer eigenen positiven Weiterentwicklung nötig wären.

So reagiert der Teil in uns, der im Märchen als Königin agiert. Sie begreift ihre Chance nicht, sie hat sich ja bis jetzt nur an anderen Menschen und äußeren Werten orientiert und kein inneres Eigenleben entwickeln können. Die Wut und Trauer über diese verpaßten Möglichkeiten läßt sie nicht zu, sondern projiziert diese Gefühle auf ihre Tochter. Sie möchte sich am liebsten deren Schönheit einverleiben.

So drastisch wie im Märchen geschieht das in der Realität nicht. Daß das Problem aber nach wie vor das Leben von Müttern und Töchtern bestimmen kann, zeigt zum Beispiel Billy Wilders Film ‹Fedora› von 1977. Darin spielt Hildegard Knef die Rolle eines Hollywoodstars, der sich aus Angst vor dem Verlust der Jugend einer Schönheitsoperation unterzieht. Als diese mißglückt, zwingt sie ihre Tochter, stellvertretend für sie selber ihr Leben als Star in der Öffentlichkeit weiterzuspielen. Indem sie sich so die Jugend ihrer Tochter ‹einverleibt›, zerstört sie ihrer beider Leben, denn keine der beiden Frauen ist nunmehr in der Lage, sich selbstbestimmt weiterzuentwickeln.[36]

Wäre unsere Königin eine moderne Frau, würde sie vielleicht auch zum Schönheitschirurgen gehen, um den alten Zustand wiederherzustellen und das Ideal ewiger Jugend möglichst lange aufrechtzuerhalten. Die Spuren, die ihr eigenes Leben auf ihrem Körper und ihrem Gesicht hinterlassen hat, muß sie ablehnen, weil es gar nicht ihr eigenes

Leben war, das sie gelebt hat. Sie hat nicht das Gefühl, daß diese Spuren etwas mit ihr zu tun haben, ihr Selbstgefühl ist fest mit einer Rolle verbunden, die sie so lange wie möglich spielen muß. Es ist eine riskante Rolle, da sie von der Vorspiegelung falscher Tatsachen lebt und die Welt unbarmherzig mit ihr verfährt, wenn ihr Betrug entdeckt wird.

Die Königin muß in glühenden Schuhen tanzen, bis sie tot umfällt. Tanzen bis zum Ende, obwohl ihr so angst war, « daß sie es nicht sagen konnte ». Wir fragen uns natürlich, warum sie überhaupt auf Schneewittchens Hochzeit geht, wenn sie solche Angst hat. Könnte sie nicht ebensogut zu Hause bleiben und Schneewittchen hinter den sieben Bergen vergessen? Denn immerhin bestätigt ihr der Spiegel ja immer noch: ‹Frau Königin, Ihr seyd die schönste hier ...› Warum reicht es ihr nicht, ‹hier› die Schönste zu sein?

Hier bedeutet wohl: nur in einem sehr kleinen Umkreis. Vielleicht heißt es sogar: Nur wenn sie mit sich und ihrem Spiegelbild allein ist, ist sie noch die Schönste, nur dann gelingt es ihr, ihre häßlichen, negativen Seiten nicht wahrzunehmen, sondern sie auszublenden. Im Kontakt mit der Außenwelt werden ihre Defizite schnell offenbar. Sie selbst kann sich immer noch einreden, das sei nicht wahr, sie sei eigentlich nur schön, aber da ist eine Stimme in ihr, die immer wieder sagt: ‹... die junge Königin ist tausendmal schöner als Ihr.› Sie weiß, daß ihr etwas Wichtiges fehlt, und das macht ihr angst. Diese Erkenntnis, diese innere Stimme, dieses Schneewittchen in ihr, das leben und sich weiterentwickeln will, versucht sie so lange wie möglich von ihrem Bewußtsein fernzuhalten und möglichst völlig zum Schweigen zu bringen. Am Ende läßt sich diese Erkenntnis aber doch nicht vermeiden, sie muß ihr gegenübertreten, auch wenn ihr die Konfrontation noch so viel angst macht.

Während das Verhalten der Königin Stagnation in einer nach außen gewandten Rolle bedeutet, steht Schneewittchen – subjektstufig betrachtet – für innere Weiterentwicklung. Von diesem Teil trennt sich die Frau zunächst, sie will ihn sogar abtöten, um ihre alte Erstarrung nicht durchbrechen zu müssen.

Warum macht es ihr so angst, ihre gewohnte Rolle als Schönste aufzugeben, sich in eine neue Richtung zu entwickeln? Sie müßte dann ihr altes Haus, das prächtige Schloß, das heißt auch ihr altes Selbst, das auf Repräsentation angelegt ist, verlassen und sich in unbekanntes Gebiet, in den Wald begeben. Sie müßte ihre Privilegien als Schloßherrin aufgeben und als Schneewittchen Dienst in einer kleinen Hütte tun.

Entwicklung ist immer verbunden mit dem Aufgeben alter Positionen und Sicherheiten und dem Risiko des Neuen, Unbekannten. Das kann Angst erzeugen und unsicher machen, und das möchte die Königin vermeiden. Sie möchte ihre vermeintlich starke Stellung nicht aufgeben, aber wir sehen, daß sie sich damit letztlich selber das Todesurteil spricht. Erstarrung bedeutet Tod. Das, was leben will, Schneewittchen, läßt sich zwar abspalten, aber das alte erstarrte Selbst bleibt dann ohne Entwicklungsmöglichkeiten zurück.

Wir sehen, wie Schneewittchen ihr altes Haus – das Schloß – verlassen muß. Sie muß Abschied nehmen von gewohnten Lebensformen, von ihrem Leben als Prinzessin, und ganz allein in den Wald gehen. Wir erinnern uns an die Symbolbedeutung des Hauses, das für unser Selbst steht und des Waldes für unsere Gefühls- und Triebwelt. Diese Welt ist Schneewittchen noch unheimlich, sie möchte den Wald schnell hinter sich bringen und findet nun ein neues Haus, das ihr zunächst Schutz gewährt. Hier fängt sie neu und ganz klein an, ‹von der Pieke auf› lernt sie nun, was alles zum Leben dazugehört: «... kochen, nähen, betten, waschen und stricken ... alles ordentlich und reinlich halten ...» Ein ungewohntes und zunächst sicher unbequemes Leben für eine Prinzessin. Die Zwerge, die im Berg arbeiten, sich im Bauch der Erde auskennen und dort Schätze heben, sind ihre Helfer. Auf der subjektstufigen Deutungsebene können wir sie als den Teil unserer Persönlichkeit begreifen, der ein tiefes Wissen um innere Vorgänge hat und die Reichtümer unseres Innenlebens zutage fördern kann.

In der Zurückgezogenheit lernt Schneewittchen also, für sich und andere zu sorgen. Wir können das auf der psychischen Ebene auch so verstehen, daß jemand, dessen Selbstbewußtsein einen Schock, dessen Selbstbild einen Bruch erlitten hat wie diese Frau in der Lebensmitte, sich zunächst einmal von der großen Welt zurückzieht – in den Wald, in das kleine Haus – um seine inneren Kräfte zu mobilisieren und Ordnung in seine aufgewühlte Gefühlswelt bringen zu können.

Diese Entwicklung geht aber nicht zielstrebig und reibungslos voran, sie ist immer wieder durch Rückschläge gefährdet. Die alten negativen Lebensmuster, hier durch die Königin mit ihren Zauberkräften versinnbildlicht, sind nicht auf einmal verschwunden, sondern versuchen immer wieder durchzubrechen und die positiven Lebenskräfte zu zerstören. Der Mensch, der den Rückzug von einer alten, lebenshemmenden Rolle, wie sie die Königin repräsentiert, geschafft hat, seine inneren Helfer – die Zwerge – findet und nun an einem neuen Lebensmuster für sich arbeitet, wird sich in dieser Zeit immer wieder mit den alten Kräften auseinandersetzen müssen: Entgegen der Warnung der Zwerge öffnet Schneewittchen ihnen dreimal ihre Tür.

Wir können uns fragen, wie jemand so naiv und gutgläubig sein kann, immer wieder denselben verheerenden Fehler zu machen. Ist Schneewittchen nicht lernfähig? Ich glaube eher, sie weiß im Grunde, daß keine neue Entwicklung stattfinden, kein neues Leben entstehen kann, solange sie sich nicht mit diesen alten Kräften auseinandersetzt, die sie immer wieder heimsuchen. Verena Kast sagt dazu,

«... daß Regression und Progression wohl einen der fundamentalen Rhythmen menschlichen Lebens darstellen, daß Regression nicht zu vermeiden ist, daß sie bloß nicht zum Ruhekissen werden darf.»[37]

Schneewittchen öffnet sich der Verführung und wird jedesmal von ihr überwältigt. Der neue Schnürriemen macht sie schön schlank, entsprechend der guten Figur, die man von Frauen erwartet. Überläßt sie sich wieder diesen Erwartungen von außen, fehlt ihr die Kraft, ihre eigene Persönlichkeit weiterzuentwickeln, es schnürt ihr die Luft ab, und sie fällt in eine todesähnliche Erstarrung. Auch Kamm und Apfel sind in diesem Sinne Symbole der Verführung, des schönen Scheins, sie sind vergiftet, lebenshemmend. Am Schluß sieht es so aus, als hätte die Vergangenheit Schneewittchen wieder eingeholt. Sie läßt sich überrollen von den alten negativen Kräften, symbolisiert durch die Königin, und fällt endgültig in die Erstarrung, als hätte inzwischen nie eine neue Entwicklung stattgefunden. Aber das scheint nur so, denn ihre neuentdeckten positiven inneren Kräfte, die Zwerge, wachen jetzt über sie, und so kann sie eine geschützte Zeit völliger äußerer Passivität durchleben, in der sich eine Lösung anbahnt. Mit dem Königssohn gewinnt sie einen weiteren Helfer und kann wieder ins Leben, sogar auf ein Schloß zurückkehren.

Friedel Lenz beschreibt das junge Mädchen im Märchen als Sinnbild der heranreifenden Seele, den Jüngling als eine Entwicklungsstufe des Geistes. Die Stiefmutter dagegen,

«... wörtlich die ‹steife› Mutter, ist Sinnbild der verhärteten, materialistischen, egoistischen Seele. Manchmal erscheint die Stiefmutter in der Gestalt der Hexe: unter dem Einfluß dämonischer Magie wird sie zur Versuchermacht, die den Menschen mit atavistischer Pseudoweisheit verführt.»[38]

In diesem Sinne taucht die Königin in späteren Fassungen als Stiefmutter auf. In dem Moment, in dem seelische und geistige Kräfte sich sozusagen gegenseitig erlösen – der Königssohn kann ohne Schneewittchen nicht mehr leben, und Schneewittchen wird durch den Königssohn aus ihrer Erstarrung erweckt –, und sich im Menschen zu einer Persönlichkeit verbinden, kann die Stiefmutter abtreten. Die alten Zwänge und Ängste sind überwunden und stellen keine Gefahr mehr dar.

Wir sind in diesem Märchen von einer Mutterfigur als Hauptperson ausgegangen, die sich zu Beginn des Märchens in einer schwierigen Lebenssituation befindet. Einerseits ist für sie eine Neuorientierung, eine Weiterentwicklung, symbolisiert durch Schneewittchen, nötig geworden, andererseits sind die alten Lebensmuster und Gewohnheiten, die die Königin verkörpert, noch so stark, daß sie die zaghafte Neuentwicklung immer wieder bedrohen. In der Auseinandersetzung dieser verschiedenen Kräfte siegt schließlich der Lebenswille über die Erstarrung. In der Zurückgezogenheit und Neuorientierung auf sich selbst, auf neuartige Fähigkeiten, wächst ein verändertes Selbstbewußtsein. So gesehen kann dieses Märchen Frauen (vielleicht auch Männern), die sich in einer ähnlichen Lebenssituation befinden, Mut machen, neue Schritte zu wagen und sich dabei auch einmal eine Zeit der Zurückgezogenheit und Passivität zu erlauben, um alte, hemmende Lebensmuster hinter sich zu lassen.

Rumpelstilzchen
Depression oder Wut? –
Ein Erbe aus der Kindheit

Es war einmal ein Müller, der war arm, aber er hatte eine schöne Tochter. Nun traf es sich, daß er mit dem König zu sprechen kam, und um sich ein Ansehen zu geben, sagte er zu ihm «ich habe eine Tochter, die kann Stroh zu Gold spinnen.» Der König sprach zum Müller, «das ist eine Kunst, die mir wohl gefällt, wenn deine Tochter so geschickt ist, wie du sagst, so bring sie morgen in mein Schloß, da will ich sie auf die Probe stellen.» Als nun das Mädchen zu ihm gebracht ward, führte er es in eine Kammer, die ganz voll Stroh lag, gab ihr Rad und Haspel und sprach «jetzt mache dich an die Arbeit, und wenn du diese Nacht durch bis morgen früh dieses Stroh nicht zu Gold versponnen hast, so mußt du sterben.» Darauf schloß er die Kammer selbst zu, und sie blieb allein darin.

Da saß nun die arme Müllerstochter und wußte um ihr Leben keinen Rat: sie verstand gar nichts davon, wie man Stroh zu Gold spinnen konnte, und ihre Angst ward immer größer, daß sie endlich zu weinen anfing. Da ging auf einmal die Türe auf, und trat ein kleines Männchen herein und sprach «guten Abend, Jungfer Müllerin, warum weint sie so sehr?» «Ach», antwortete das Mädchen, «ich soll Stroh zu Gold spinnen und verstehe das nicht.» Sprach das Männchen «was gibst du mir, wenn ich dirs spinne?» «Mein Halsband», sagte das Mädchen. Das Männchen nahm das Halsband, setzte sich vor das Rädchen, und schnurr, schnurr, schnurr, dreimal gezogen, war die Spule voll. Dann steckte es eine andere auf, und schnurr, schnurr, schnurr, dreimal gezogen, war auch die zweite voll: und so gings fort bis zum Morgen, da war alles Stroh versponnen, und alle Spulen waren voll Gold. Bei Sonnenaufgang kam schon der König, und als er das Gold erblickte, erstaunte er und freute sich, aber sein Herz ward nur noch goldgieriger. Er ließ die Müllerstochter in eine andere Kammer voll Stroh bringen, die noch viel größer war, und befahl ihr, das auch in einer Nacht zu spinnen, wenn ihr das Leben lieb wäre. Das Mädchen wußte sich nicht zu helfen und weinte, da ging abermals die Türe auf, und das kleine Männchen erschien und sprach «was gibst du mir, wenn ich dir das Stroh zu Gold spinne?» «Meinen Ring von dem Finger«, antwortete das Mädchen. Das Männchen nahm den Ring, fing wieder an zu schnurren mit dem Rade und hatte bis zum Morgen alles Stroh zu glänzendem Gold gesponnen. Der König freute sich über die Maßen bei dem Anblick, war aber noch immer nicht Goldes satt, sondern ließ die Müllerstochter in eine noch größere Kammer voll Stroh bringen und sprach «die mußt du noch in dieser Nacht verspinnen: gelingt dirs aber, so sollst du meine Gemahlin werden.» «Wenns auch eine Müllerstochter ist,» dachte er, «eine reichere Frau finde ich in der ganzen Welt nicht.» Als das Mädchen allein war, kam das Männlein zum drittenmal wieder und sprach «was gibst du mir, wenn ich dir noch diesmal das Stroh spinne?» «Ich habe nichts mehr, das ich geben könnte», antwortete das Mädchen. «So versprich mir, wenn du Königin wirst, dein erstes Kind.» «Wer weiß, wie das noch geht», dachte die Müllerstochter und wußte sich auch in der Not nicht anders zu helfen; sie versprach also dem Männchen, was es verlangte, und das Männchen spann dafür noch einmal das Stroh zu Gold. Und als am Morgen der König kam und alles fand, wie er gewünscht hatte, so hielt er Hochzeit mit ihr, und die schöne Müllerstochter ward eine Königin.

Über ein Jahr brachte sie ein schönes Kind zur Welt und dachte gar nicht mehr an das Männchen: da trat es plötzlich in ihre Kammer und sprach «nun gib mir, was du versprochen hast.» Die Königin erschrak und bot dem Männchen alle Reichtümer des Königreichs an, wenn es ihr das Kind lassen wollte: aber das Männchen sprach «nein, etwas Lebendes ist mir lieber als alle Schätze der Welt.» Da fing die Königin so an zu jammern und zu weinen, daß das Männchen Mitleiden mit ihr hatte: «drei Tage will ich dir Zeit lassen», sprach er, «wenn du bis dahin meinen Namen weißt, so sollst du dein Kind behalten.»

Nun besann sich die Königin die ganze Nacht über auf alle Namen, die sie jemals gehört hatte, und schickte einen Boten über Land, der sollte sich erkundigen weit und breit, was es sonst noch für Namen gäbe. Als am andern Tag das Männchen kam, fing sie an mit Kaspar, Melchior, Balzer, und sagte alle Namen, die sie wußte, nach der Reihe her, aber bei jedem sprach das Männlein «so heiß ich nicht.» Den zweiten Tag ließ sie in der Nachbarschaft herumfragen, wie die Leute da genannt würden, und sagte dem Männlein die ungewöhnlichsten und seltsamsten Namen vor «heißt du vielleicht Rippenbiest oder Hammelswade oder Schnürbein?» aber es antwortete immer «so heiß ich nicht.» Den dritten Tag kam der Bote wieder zurück und erzählte «neue Namen habe ich keinen einzigen finden können, aber wie ich an einen hohen Berg um die Waldecke kam, wo Fuchs und Has sich gute Nacht sagen, so sah ich da ein kleines Haus, und vor dem Haus brannte ein Feuer, und um das Feuer sprang ein gar zu lächerliches Männchen, hüpfte auf einem Bein und schrie

«heute back ich, morgen brau ich,
übermorgen hol ich der Königin ihr Kind;
ach, wie gut ist, daß niemand weiß,
daß ich Rumpelstilzchen heiß!»

Da könnt ihr denken, wie die Königin froh war, als sie den Namen hörte, und als bald hernach das Männlein hereintrat und fragte «nun, Frau Königin, wie heiß ich?» fragte sie erst «heißest du Kunz?» «Nein.» «Heißest du Heinz?» «Nein.»

«Heißt du etwa Rumpelstilzchen?»

«Das hat dir der Teufel gesagt, das hat dir der Teufel gesagt», schrie das Männlein und stieß mit dem rechten Fuß vor Zorn so tief in die Erde, daß es bis an den Leib hineinfuhr, dann packte es in seiner Wut den linken Fuß mit beiden Händen und riß sich selbst mitten entzwei.

***

Im Märchen ‹Rumpelstilzchen› steht ein Vater am Anfang, und sein Verhalten wollen wir vor allem betrachten, ist es doch zunächst unverständlich, ja empörend, daß er seine Tochter in eine äußerst bedrohliche Situation bringt, nur «um sich ein Ansehen zu geben»: Die Müllerstochter soll für den geldgierigen König Stroh zu Gold spinnen, ein Unternehmen, das sogar im Märchen recht unwahrscheinlich klingt, denn wäre der Müller arm, wenn seine Tochter tatsächlich diese Fähigkeit hätte?[39]

Der König ist trotzdem nur allzugern bereit, die Geschichte zu glauben, und sollte sie nicht stimmen, so soll nicht der Müller dafür büßen, sondern seine Tochter. Die beiden Männer sind sich sehr schnell einig, wie sie die Fähigkeiten des jungen Mädchens für ihre Zwecke ausnutzen wollen, der Vater erhofft sich großes Ansehen, der König großen Reichtum durch sie.

Das Mädchen selbst kann diesen unerfüllbaren Forderungen nichts entgegensetzen, ihr bleibt nichts übrig als zu weinen und ihr trauriges Schicksal zu beklagen. Sie verhält sich in jeder Hinsicht so, wie die Erwachsenen es von ihr erwarten, nämlich angepaßt und still vor sich hin leidend.

Haben wir mit einem Vater, der seine Tochter derartig mißbraucht, überhaupt etwas gemein? Warum sollten wir uns mit seinem Verhalten näher auseinandersetzen, werden wir uns fragen.

Versuchen wir einmal, uns die Beziehung dieses Vaters zu seinem Kind vorzustellen. Der Müller strebt nach sozialem Aufstieg, er möchte sogar vom König, der höchsten Instanz, anerkannt werden. Aus eigener Kraft, durch die tägliche Arbeit in seiner Mühle, kann er dieses Ziel nicht erreichen. So versucht er, mit dem einzigen Kapital zu wuchern, das er hat, mit der Schönheit und den angeblich außergewöhnlichen Fähigkeiten seiner Tochter. Er benutzt sie für seine Zwecke, ohne sich Gedanken darüber zu machen, welche Folgen das für sein Kind haben könnte.

Es handelt sich hier offensichtlich um einen Vater, der sein Kind nicht ‹sieht›, der die tatsächlichen Fähigkeiten und Grenzen des jungen Mädchens nicht erkennt und statt dessen Unmögliches von ihr fordert. Durch diese Überforderung bringt er sie in eine existentiell bedrohliche Lage.

Hier werden wir Eltern zum ersten Mal aufhorchen: Überforderung ist ein Wort, das in unserem heutigen Leben eine große Rolle spielt, unter ihr leiden Kinder und Erwachsene gleichermaßen. Meistens haben wir das Gefühl, daß sie von außen an uns herangetragen wird und daß wir, in einem Netz von Sachzwängen gefangen, ihr nicht entrinnen können. Schauen wir genauer hin, so bemerken wir aber, daß wir selbst uns viele übermäßige Forderungen stellen. Das hängt mit dem Bild, das wir von uns selbst haben und der Rolle, die wir uns in dieser Gesellschaft wünschen, zusammen.

Vor allem wollen wir, genau wie der Müller, erfolgreich, anerkannt und geliebt sein, und dazu – glauben wir – sind Dinge nötig wie Schönheit (hauptsächlich für Frauen, auf die Mutter von Schneewittchen bin ich schon eingegangen), Prestige (nicht mehr Müller sein, sondern König) und Reichtum. Um das zu erreichen, wenden wir größte Anstrengungen auf, wobei oft unser inneres Glück und das unserer Kinder auf der Strecke bleibt. Die Zeit und die Ruhe, die wir brauchen, um Beziehungen zu unseren Mitmenschen und besonders zu unseren Kindern zu entwickeln und sie in ihren Eigenarten und Begrenzungen kennenzulernen und anzunehmen, fehlt uns dann.

Eltern, die den ersehnten Aufstieg aus eigener Kraft nicht schaffen, benutzen oft ihre Kinder, um ihre Ziele zu verwirklichen, wie es hier der Müller mit seiner Tochter macht. Das geschieht meist in bester Absicht, nach dem Motto: «Mein Kind soll es einmal besser haben als ich.»

Und ist das nicht ein erstrebenswertes elterliches Ziel? Diese Frage können wir erst beantworten, wenn wir wissen, welche Triebkräfte jeweils dahinterstehen.

Unser Märchen bietet den Vorteil, daß es die selbstsüchtigen Motive des Vaters gleich am Anfang klar benennt. Dadurch können wir uns sein Verhalten erklären und auch alle Schwierigkeiten, mit denen sich seine Tochter auseinandersetzen muß.

So deutlich sind uns unsere eigenen Beweggründe im Alltag meist nicht. Vieles, was die Beziehung zwischen Eltern und Kindern prägt, bleibt im Unbewußten. Wir sehen uns gern als selbstlos Handelnde und machen uns nicht klar, daß immer ein Teil unserer Ängste und Wünsche unser Verhalten mitbestimmt. Wir alle benutzen unsere Kinder auch zur Bewältigung unserer eigenen Lebensschwierigkeiten. Wenn wir uns das nicht zugeben wollen, kann daraus leicht ein gefährliches Verwirrspiel von Manipulation, Zwang und Enttäuschung werden. Dann bedeutet das obige Motto nämlich auch: «Was mir das Leben versagt oder genommen hat, möchte ich mir über mein Kind holen.» In solch einem Fall sind Kinder gezwungen, anstatt ihre eigenen Wege und Ziele zu suchen, den Lebensplan des Vaters oder der Mutter zu verwirklichen, stellvertretend für die Eltern zu leben.

Die Eltern zwingen allerdings heutzutage ihre Kinder weniger, einen bestimmten Beruf zu erlernen oder eine soziale Stellung zu erreichen, die ihnen selber versagt geblieben ist, um ihr eigenes Selbstbewußtsein zu heben. Es sind vielmehr innere Probleme der Weiterentwicklung, des ‹Aufstiegs›, die wir von unseren Kindern lösen lassen wollen. Da ist sehr viel schwerer auseinanderzuhalten: Welches sind die tatsächlichen Schwierigkeiten meines Kindes, und in welche meiner eigenen Probleme verwickle ich es noch zusätzlich?

Zwei vereinfachte Beispiele dazu:

– Eine Frau, die eine gefühlsmäßig unsichere und gehemmte Beziehung zu ihrer Mutter hatte, erwartet nun unbewußt von ihrer ersten Tochter ein liebevolles und offenes Entgegenkommen, etwas, das ihr selber schwerfällt und das sie in ihrer eigenen Tochter-Mutterbeziehung nicht erfahren hat. Die Tochter soll hier etwas ‹gutmachen› und ein Verhalten an den Tag legen, das die Mutter aus eigenem Mangel und emotionaler Unsicherheit nicht zeigen kann. Da das Kind damit überfordert ist und entsprechend reagiert, wächst bei der Mutter die Unsicherheit und das Gefühl des Nicht-gemocht-Werdens. Sie ist enttäuscht von ihrer Tochter, der sie doch gerade das ersparen wollte, worunter sie selbst am meisten gelitten hatte, und merkt nicht, daß sie von ihr etwas erwartet, das sie eigentlich selber lernen müßte, nämlich: die eigenen Verletzungen anzuschauen und zu heilen, sich selbst zu mögen. Diese Mutter möchte sich, wie der Müller, über ihr Kind, also von außen, Anerkennung und Wertschätzung holen.
– Ein Vater möchte seinen Sohn zu einem selbstbestimmten Menschen erziehen. Er selbst hatte es in seiner Kindheit mit strengen Eltern zu tun, die ihm viel vorgeschrieben und verboten haben. Sein Sohn soll nun alles dürfen, alles ausleben, was ihm selbst versagt geblieben ist. Der Vater kann hier im nachhinein noch einmal ‹mitleben›. Er übersieht dabei jedoch, wie wichtig es für seinen Sohn ist, Grenzen gesetzt zu bekommen. Jedes Kind braucht einen sicheren Rahmen, in dem es sich langsam und altersgemäß entwickeln kann. Während der Vater stolz auf seinen progressiven Erziehungsstil ist, ‹sich ein Ansehen ge-

ben will›, fühlt sich der Junge, der hier die Defizite seines Vaters ausgleichen soll, verunsichert und alleingelassen.

Auf diese Weise belasten wir Kinder mit unseren eigenen Problemen und erwarten von ihnen Fähigkeiten, die wir selber nicht entwickeln konnten.

Kehren wir nun zu unserer Müllerstochter zurück, um zu sehen, wie sich ein derartiges Verhalten auf Kinder auswirken kann.

Es ist klar, daß solche gefühlsmäßige Überforderung in Kindern Angst, Unsicherheit und Resignation, aber auch Trotz und Gegenwehr hervorrufen kann. So erleben wir hier die Müllerstochter zunächst in ihrer Angst und Verzweiflung vor der Aufgabe, die sie für ihren Vater lösen soll.

In dieser Situation erscheint ihr ein Helfer – Rumpelstilzchen. Sie weiß noch nicht, wer dieses Wesen ist, denn sie kennt seinen Namen nicht, aber sie nimmt seine Hilfe dankbar an. Allerdings möchte es dafür entlohnt werden, und die Müllerstochter muß ihm zunächst Halsband und Fingerring geben. Natürlich geht es Rumpelstilzchen nicht um den materiellen Wert dieser Dinge, kann es sich doch selber soviel Reichtum verschaffen, wie es nur will; nein, es scheint eher ein Unterpfand zu brauchen, ein Zeichen dafür, daß es nun mit der Müllerstochter verbunden ist, ja eine gewisse Macht über sie hat.

Wer ist Rumpelstilzchen?[40] Es ist klein, männlich, hilfreich und auch fordernd, es wohnt einsam an einem hohen Berg im Wald, und dort tanzt und singt es um ein Feuer. Ich möchte dieses Männlein als Persönlichkeitsanteil der Müllerstochter betrachten: Im Augenblick höchster Not öffnet sich eine Tür in ihrem Inneren, und Rumpelstilzchen erscheint als Retter. So wie wir in großer Gefahr oft ungeahnte Kräfte entwickeln können, mobilisiert hier die Müllerstochter ihre letzten Reserven. Welche Kraft könnte das sein, die ihr in diesem Moment hilft, ihr Leben zu retten? Es ist die Wut! Rumpelstilzchens Natur offenbart sich am Ende des

Märchens, als es mit dem Fuß aufstampft und sich selbst vor Zorn mitten entzweireißt.

Dieses Verhalten kennen wir von kleinen Kindern in der sogenannten Trotzphase, die manchmal von ihrer Wut überwältigt werden, mit den Füßen stampfen und sich auf die Erde werfen. Ausgelöst werden solche Wutanfälle meist durch irgendein Verbot der Erwachsenen, durch etwas, was dem Kind nicht gegeben wird, obwohl es danach verlangt, so wie Rumpelstilzchen am Ende das Kind versagt wird, das ihm versprochen war.

Zwei unterschiedliche Bedürfnisse treffen in solchen Situationen aufeinander, die Erfordernisse der Erwachsenenwelt sind unvereinbar mit dem Wunsch des Kindes. Dieses beginnt gerade, sich als eigene, von den Eltern losgelöste Persönlichkeit zu begreifen und kann noch nicht unterscheiden zwischen seiner Person und seinen Bedürfnissen. Die Verweigerung dieser Bedürfnisse erscheint ihm wie eine Ablehnung seiner ganzen Person – es reagiert darauf mit Wut und Verzweiflung. Diese Gefühle sind ungeheuer ambivalent. Sie können zerstörerisch wirken, und als solche werden sie in unserer Gesellschaft abgelehnt. Sie können aber auch als lebensgestaltende kreative Kräfte erscheinen und zur Autonomie führen, wenn wir lernen, richtig mit ihnen umzugehen, wenn wir, wie die Müllerstochter, sie erkennen und benennen können.

Die meisten Menschen bekommen diese Chance nicht: das Auftauchen von Trotz und Wut im Kleinkindalter wird möglichst frühzeitig unterbunden. Dazu paßt der volkstümliche Spruch: ‹Kinder mit ’nem Willen, kriegen was auf die Brillen›. Wir können uns vorstellen, daß der Müller seiner Tochter schon sehr früh, im ersten Trotzalter, solche ‹Allüren› ausgetrieben hat. Es schickt sich nicht für ein Mädchen, und schon gar nicht für eine ‹Müllerstochter›, eigene Wünsche und Ansprüche zu entwickeln. Erich Fromm beschreibt diesen Vorgang folgendermaßen:

«Hier, wie stets in der Beziehung zwischen Kindern und Eltern, sind die Eltern die stärkeren, solange das Kind noch klein ist. Wenn es dann alt genug ist, seinen eigenen Willen zum Ausdruck zu bringen, hat dieser Wille und die Fähigkeit, sich durchzusetzen, bereits einen solchen Schaden erlitten, daß es nicht mehr ‹wollen› kann. Ist die Konstellation Unterwerfung-Beherrschung erst einmal festgefahren, so ist die unausbleibliche Folge Wut.»[41]

Diese Wut, so Fromm, die an sich ein Zeichen mangelnder Selbstbehauptung ist, kann, wenn sie aus der Verdrängung emporsteigt, ein erster notwendiger Schritt zu einem Reifungsprozeß sein. Am Ende einer solchen Entwicklung steht ein neues Selbstbewußtsein, das die Wut überflüssig macht.

Die Müllerstochter aber hat kein Selbstbewußtsein entwickeln dürfen und kann deshalb von ihrem Vater für seine eigenen Zwecke benutzt werden. Das heißt, sie hat bis zu diesem Moment höchster Gefahr keinen Zugang mehr zu ihren Emotionen gehabt, die nun auf einmal kraftvoll, aber auch bedrohlich in Erscheinung treten. Sie helfen ihr, verkörpert durch Rumpelstilzchen, mit der großen Anforderung fertigzuwerden, fordern aber letztendlich auch ihren Tribut, wie alle Kräfte, die nach langer Zeit der Unterdrückung hervorbrechen. In einem langwierigen Prozeß muß das Mädchen lernen, diese neue Kraft zu beherrschen – sich selbst zu beherrschen, denn in Märchen bedeutet wahres Königtum immer auch innere Herrschaft, Selbstbestimmung.

Für uns Eltern wäre es sicherlich nicht hilfreich, den Vater in diesem Märchen nur als egoistisch und dumm abzuschreiben. Auch uns selbst passiert es im Alltag, daß wir unsere eige-nen Bedürfnisse nicht von denen unserer Kinder unterscheiden können oder wollen, obwohl diese häufig grundverschieden sind. (Einfachstes Beispiel: Wenn der Mutter kalt ist, sagt sie zu ihrem Kind: «Zieh die Jacke an».)

Was kann der Müller, was können wir Eltern tun, um unsere Kinder nicht solcherart zu manipulieren, sondern unsere Lebensziele aus eigener Kraft zu verwirklichen?

Betrachten wir den Vater in diesem Märchen auf der subjektstufigen Ebene, um zu einer Antwort zu kommen: Das zentrale Thema ist offenbar mangelndes Selbstbewußtsein, das im Märchen durch den armen Müller verkörpert wird, der sich selbst als arm empfindet und nun Anerkennung und Liebe von außen über Reichtum und Macht sucht.

Wir sehen hier einen Mann vor uns, der aus den engen Grenzen seines Lebens heraus will, der nach Höherem strebt. Diesen inneren Anteil symbolisiert der König, der im Märchen in seiner positiven Ausprägung die Höchststufe der inneren Entwicklung darstellt. Hier allerdings mißbraucht er seine Macht, er wirkt nicht beherrscht, sondern maßlos und steht in diesem Falle für die machthungrige, nach außen gewandte Seite des Mannes, der dadurch seinen inneren Mangel überdecken will.

Auch das Gold – sonst als Symbol der Sonne ein Zeichen der Erleuchtung – tritt hier in seiner negativen Bedeutung hervor. Der Glanz des Goldes kann zur gefährlichen Verführung, ja zum Fluch werden. Das Gold der Nibelungen, der Tanz um das Goldene Kalb sind bekannte Beispiele dafür.[42]

Dieser Mann geht von einem Verständnis des Begriffs ‹Selbstbewußtsein› aus, wie er in unserer Gesellschaft üblich ist. Selbstbewußt sein heißt für viele: stark sein, keine Schwächen zeigen, sich nichts gefallen lassen, ‹jemanden darstellen› im Leben, glänzen. Es ist sicher kein Zufall, daß wir gerade diese Bedeutungen mit dem Wort Selbstbewußtsein assoziieren, denn dies sind Eigenschaften, die bei uns einen hohen Stellenwert haben. Das Wort selbst sagt etwas anderes aus: Sich seiner selbst bewußt sein heißt nichts anderes, als etwas von sich zu wissen. Wir sagen auch: «Ich bin mir dessen bewußt», und meinen damit, daß ich etwas nicht nur mit dem Verstand weiß, sondern mit meinem Bewußtsein, und das umfaßt auch Sinnes- und Gefühlswahrnehmungen.

Etwas von uns selber zu wissen heißt, daß wir uns selber wahrnehmen können, so wie wir sind, ohne Wertung, mit unseren Bedürfnissen und Grenzen. Wir wissen dann um unsere Schwächen und Stärken und brauchen sie nicht mehr ins Unbewußte zu verdrängen, brauchen unsere Bedürfnisse nicht mehr durch andere befriedigen zu lassen.

Die Sinnes- und Gefühlskräfte werden im Märchen durch die Tochter versinnbildlicht. Sie repräsentiert die weibliche Seite des Mannes, seine Anima. Solange der Müller alle seine Kräfte seinem äußeren Ehrgeiz unterordnet, ist diese Kraft wirkungslos und handlungsunfähig. Daher wirkt die Tochter am Anfang passiv und ohne Eigenleben, trotz ihrer Schönheit.

Sie soll geopfert werden, um ein brüchiges Selbstbild zu kitten. Friedel Lenz beschreibt «einzige» Töchter im Märchen als Verkörperung der Individualseele, also als das, was uns zu einzigartigen Menschen macht.[43]

Der Vater hier ‹verkauft› seine Seele, das was in ihm einzigartig und entwicklungsfähig ist, um des schnellen Erfolges willen. Das Motiv der zum Gewinn von Macht und Reichtum verkauften Seele kennen wir aus vielen Geschichten. Immer versucht diese gefangene Lebenskraft, sich zu befreien. Ein Mensch, dessen Seele wie hier die Müllerstochter eingesperrt ist, kann nicht leben und sich entwickeln.

Dieser Vater kommt nun an einen Punkt der Stagnation, an dem er merkt, daß seine Lebensziele sich nicht verwirklichen lassen. Zum erstenmal kann eine Seite in ihm Trauer zulassen und weinen aus Angst und Verzweiflung. Er begreift seine Lage, sieht keinen Ausweg, keine Entwicklungsmöglichkeit mehr. Seine weibliche Kraft tritt nun in Erscheinung und findet einen Helfer, Rumpelstilzchen, mit dem sie sich verbünden kann.

Letzteres verkörpert, wie wir bereits sahen, Lebenswillen und Autonomiestreben. Diese menschlichen ‹Urtriebe› schlummern, verdrängt, tief im Unbewußten des Mannes, im Wald, einem Symbol für die Welt der Triebe, Emotionen und Gefühle, die lebenserhaltend, aber auch beherrschend sind, so wie Rumpelstilzchen Gewalt über das neugeborene Leben, die sich entwickelnde Seele des Mannes, bekommen möchte.

Bei kleinen Kindern erscheint diese Lebenskraft in einer ursprünglichen Form, die alles möglich macht: Stroh zu Gold spinnen? Kein Problem. Den ganzen Tag aktiv sein, die Welt entdecken und beherrschen, sich alles aneignen, das charakterisiert diese Lebensphase. Wir müssen später lernen, mit dieser Kraft umzugehen, sie auch in ihre Schranken zu verweisen, Grenzen zu respektieren, damit sie sich nicht verselbständigt.

Die Müllerstochter tut das, indem sie Rumpelstilzchen aufspürt, beobachtet und benennt. Das heißt für den Vater in unserem Märchen, daß seine innere Entwicklung weiter voranschreiten kann, daß das neue Kind wachsen darf. Der Müller und der König mit ihren nach außen orientierten Zielen spielen keine Rolle mehr für ihn, sie kommen am Schluß des Märchens nicht mehr vor.

Gerade für Väter kann der Werdegang des Müllers Warnung und Ermutigung zugleich sein, neben dem äußeren Lebenserfolg nicht die eigene innere Entwicklung zu kurz kommen zu lassen.

Im Zusammenleben mit unseren Kindern könnte das bedeuten: Je mehr wir über uns selbst wissen, desto weniger müssen wir unsere Kinder manipulieren. Was wir aus unserem Leben verdrängen, nicht leben können oder wollen – unser Ehrgeiz, Geltungsdrang oder Machtstreben – ist deswegen noch lange nicht verschwunden, sondern schleicht sich auf Umwegen wieder ein, will leben, und sei es durch unsere Kinder. Der spöttische Satz: « Wo lassen Sie leben? », der auf Patienten und ihre Therapeuten gemünzt ist, trifft in noch stärkerem Maße auf Eltern-Kind-Beziehungen zu, solange Eltern nicht bereit sind, sich mit ihren eigenen Problemen auseinanderzusetzen, und sie statt dessen auf ihr Kind übertragen. Auf diese Weise gelingt es uns oft, unser falsch verstandenes Selbstbewußtsein aufrechtzuerhalten und unerwünschte Gefühle wie Angst, Depression und Minderwertigkeitsgefühle durch unsere Kinder ausleben zu lassen, während wir selber, wie der Müller, uns ‹ein Ansehen› geben können.

Wie ein roter Faden durchzieht all unsere Märchen das große Thema der Menschheitsgeschichte: das Streben nach Ganzheit und Vollkommenheit.

> «Einstmals – so heißt es in der Rede des Komödiendichters Aristophanes – gab es drei Geschlechter: das männliche, das weibliche und ein gemischt mannweibliches. Dieses dritte Geschlecht lebte in Kugelform, mit vier Armen und Beinen, und hatte ein so gewaltiges Selbstbewußtsein, daß es den Göttern zu Leibe rücken wollte, weil es sich selber ‹göttlich› fühlte. Da überlegte sich Zeus, wie er sich dieser Menschen erwehren könnte. Nach dem (freilich etwas später erfundenen) Motto: ‹divide et impera› (teile und herrsche) schnitt er diese vollkommenen Wesen in zwei Teile, verlegte die Sexualorgane nach vorne und ließ sie aufrecht gehen. Von Stund an suchen sie, getrieben von der Sehnsucht nach Vereinigung, unaufhörlich nach ihrer anderen Hälfte und möchten wieder zusammenwachsen. [...] Wir waren ganze Wesen. Die Begierde also und das Streben nach dem Ganzen nennt man Eros.»[44]

Diese Geschichte erzählt noch einmal sehr anschaulich, aus welchem Grunde das, was eigentlich zusammengehört, getrennt wurde: um die Teile um so besser beherrschen zu können. Wir haben uns nicht nur äußerlich in Männer und Frauen getrennt, auch in unserem Inneren hat diese Aufspaltung stattgefunden. Dabei wird der weibliche Teil – auch von Frauen – oft verdrängt oder nicht beachtet, ist er es doch, der den Kontakt zum Unbewußten und zum Gefühlsbereich herstellt. Letzterer stürzt uns oft in Verwirrung, einen unangenehmen Zustand, den wir zu vermeiden trachten, der aber mit unserer inneren Entwicklung untrennbar verbunden ist.

Daß die Müllerstochter am Ende des Märchens gelernt hat, selbstbestimmt zu handeln, daß sie als Königin mit ihrem Kind zusammenlebt, können wir auch in einem allgemeineren Sinn als ermutigendes Zeichen dafür nehmen, daß das lebensgestaltende weibliche Element sich nicht mehr wegdrängen oder benutzen läßt.

Die drei Sprachen
Erfolg ohne Anpassung – Der andere Weg zur Eigenständigkeit

In der Schweiz lebte einmal ein alter Graf, der hatte nur einen einzigen Sohn, aber er war dumm und konnte nichts lernen. Da sprach der Vater «höre, mein Sohn, ich bringe nichts in deinen Kopf, ich mag es anfangen, wie ich will. Du mußt fort von hier, ich will dich einem berühmten Meister übergeben, der soll es mit dir versuchen.» Der Junge ward in eine fremde Stadt geschickt, und blieb bei dem Meister ein ganzes Jahr. Nach Verlauf dieser Zeit kam er wieder heim, und der Vater fragte «nun mein Sohn, was hast du gelernt?» «Vater, ich habe gelernt, was die Hunde bellen», antwortete er. «Daß Gott erbarm», rief der Vater aus, «ist das alles, was du gelernt hast? ich will dich in eine andere Stadt zu einem andern Meister tun.» Der Junge ward hingebracht, und blieb bei diesem Meister auch ein Jahr. Als er zurückkam, fragte der Vater wiederum «mein Sohn, was hast du gelernt?» Er antwortete «Vater, ich habe gelernt, was die Vögli sprechen.» Da geriet der Vater in Zorn und sprach «o du verlorner Mensch, hast die kostbare Zeit hingebracht und nichts gelernt, und schämst dich nicht, mir unter die Augen zu treten? Ich will dich zu einem dritten Meister schicken, aber lernst du auch diesmal nichts, so will ich dein Vater nicht mehr sein.» Der Sohn blieb bei dem dritten Meister ebenfalls ein ganzes Jahr, und als er wieder nach Haus kam und der Vater fragte «mein Sohn, was hast du gelernt?» so antwortete er «lieber Vater, ich habe dieses Jahr gelernt, was die Frösche quaken.» Da geriet der Vater in den höchsten Zorn, sprang auf, rief seine Leute herbei und sprach «dieser Mensch ist mein Sohn nicht mehr, ich stoße ihn aus und gebiete euch, daß ihr ihn hinaus in den Wald führt und ihm das Leben nehmt.» Sie führten ihn hinaus, aber als sie ihn töten sollten, konnten sie nicht vor Mitleiden und ließen ihn gehen. Sie schnitten einem Reh Augen und Zunge aus, damit sie dem Alten die Wahrzeichen bringen konnten.

Der Jüngling wanderte fort und kam nach einiger Zeit zu einer Burg, wo er um Nachtherberge bat. «Ja», sagte der Burgherr, «wenn du da unten in dem alten Turm übernachten willst, so gehe hin, aber ich warne dich, es ist lebensgefährlich, denn er ist voll wilder Hunde, die bellen und heulen in einem fort, und zu gewissen Stunden müssen sie einen Menschen ausgeliefert haben, den sie auch gleich verzehren.» Die ganze Gegend war darüber in Trauer und Leid, und konnte doch niemand helfen. Der Jüngling aber war ohne Furcht und sprach «laßt mich nur hinab zu den bellenden Hunden, und gebt mir etwas, das ich ihnen vorwerfen kann: mir sollen sie nichts tun.» Weil er nun selber nicht anders wollte, so gaben sie ihm etwas Essen für die wilden Tiere und brachten ihn hinab zu dem Turm. Als er hineintrat, bellten ihn die Hunde nicht an, wedelten mit den Schwänzen ganz freundlich um ihn herum, fraßen, was er ihnen hinsetzte, und krümmten ihm kein Härchen. Am andern Morgen kam er zu jedermanns Erstaunen gesund und unversehrt wieder zum Vorschein und sagte zu dem Burgherrn «die Hunde haben mir in ihrer Sprache offenbart, warum sie da hausen und dem Lande Schaden bringen. Sie sind verwünscht und müssen einen großen Schatz hüten, der unten im Turme liegt, und kommen nicht eher zur Ruhe, als bis er gehoben ist, und wie dies geschehen muß, das habe ich ebenfalls aus ihren Reden vernommen.» Da freuten sich alle, die das hörten, und der Burgherr sagte, er wollte ihn an Sohnes Statt annehmen, wenn er es glücklich vollbrächte. Er stieg wieder hinab, und weil er wußte, was er zu tun hatte, so vollführte er es und brachte eine mit Gold gefüllte Truhe herauf. Das Geheul der wilden Hunde ward von nun an nicht mehr gehört, sie waren verschwunden, und das Land war von der Plage befreit.

Über eine Zeit kam es ihm in den Sinn, er wollte nach Rom fahren. Auf dem Weg kam er an einem Sumpf vorbei, in welchem Frösche saßen und quakten. Er horchte auf, und als er vernahm, was sie sprachen, ward er ganz nachdenklich und traurig. Endlich langte er in Rom an, da war gerade der Papst gestorben, und unter den Kardinälen großer Zweifel, wen sie zum Nachfolger bestimmen sollten. Sie wurden zuletzt einig, derjenige sollte zum Papst erwählt werden, an dem sich ein göttliches Wunderzeichen offenbaren würde. Und als das eben beschlossen war, in demselben Augenblick trat der junge Graf in die Kirche, und plötzlich flogen zwei schneeweiße Tauben auf seine beiden Schultern und blieben da sitzen. Die Geistlichkeit erkannte darin das Zeichen Gottes und fragte ihn auf der Stelle, ob er Papst werden wolle. Er war unschlüssig und wußte nicht, ob er dessen würdig wäre, aber die Tauben redeten ihm zu, daß er es tun möchte, und endlich sagte er «ja». Da wurde er gesalbt und geweiht, und damit war eingetroffen, was er von den Fröschen unterwegs gehört und was ihn so bestürzt gemacht hatte, daß er der heilige Papst werden sollte. Darauf mußte er eine Messe singen und wußte kein Wort davon, aber die zwei Tauben saßen stets auf seinen Schultern und sagten ihm alles ins Ohr.

***

Wie uns die Stimmen der Natur führen können, ohne uns zu beherrschen, zeigt uns anschaulich das Märchen «Die drei Sprachen».

Ausgangspunkt ist hier ein Vater-Sohn-Konflikt.

Wieder begegnen wir einem ehrgeizigen Vater, der sein Kind auf einen bestimmten Weg zwingen will. Aber im Gegensatz zur Müllerstochter weigert sich der Sohn, das zu tun oder zu lernen, was der Vater von ihm erwartet. Während die Tochter, wohl frühzeitig zur Anpassung erzogen, den Konflikt, in den das väterliche Verhalten sie bringt, mit sich allein austragen muß, hat der Sohn ein ganz anderes Selbstbewußtsein. Er tritt seinem Vater offen gegenüber und fürchtet dessen Zorn nicht. Vielleicht hat er als Grafensohn bessere Voraussetzungen, seinen eigenen Willen und sein Selbstbewußtsein zu entwickeln als die arme Müllerstochter. Vielleicht aber schützt ihn auch seine ‹Dummheit› vor der Anpassung an die väterlichen Ziele, denn es heißt in dem Märchen, er ‹konnte nichts lernen›.

Damit kann allerdings nur gemeint sein, daß er nicht das lernen konnte, was der Vater von ihm erwartete, denn zu anderen Lernprozessen ist er, wie wir sehen, durchaus in der Lage: Er lernt zu verstehen, was die Hunde bellen, was die Vögel sprechen und was die Frösche quaken. Der Vater kocht vor Zorn, er kann und will sich nicht damit abfinden, daß der Sohn sich nicht seinen Vorstellungen gemäß entwickelt. Dreimal gibt er ihn in die Lehre bei berühmten Meistern, dreimal stellt sich nicht das erwartete Resultat ein. Da gibt er den Sohn auf, nach seiner Auffassung hat er alles getan, um dem Jungen eine anständige Ausbildung zukommen zu lassen, aber dieser hat die Chance nicht wahrgenommen. Nun fühlt er sich von seinem Sohn verhöhnt in seiner Geduld und Großzügigkeit. Dreimal hat er dem Jungen die Möglichkeit geboten, so zu werden, wie er es sich vorstellt, nämlich erfolgreich und angesehen, wofür das Grafenamt ein Symbol ist, und jedesmal hat der Junge es verpatzt, sich seines Vaters würdig zu erweisen. – Das kann doch nicht sein Sohn sein, hat er doch so gar nichts vom ihm. «… dieser Mensch ist mein Sohn nicht mehr, ich stoße ihn aus und gebiete euch, daß ihr ihn hinaus in den Wald führt und ihm das Leben nehmt», befiehlt der Vater in höchstem Zorn. Er verstößt nicht nur seinen Sohn, er kann es auch nicht ertragen, daß dieser überhaupt existiert. Er möchte die Auseinandersetzung mit ihm ein für allemal aus der Welt schaffen.

Warum reagiert der Vater so übertrieben? Ist es nur Rechthaberei, verletzte Eitelkeit, oder steckt mehr dahinter? Muß er seinen Sohn gar fürchten und betreibt deswegen seinen Tod, so wie man jemanden fürchtet, der die eigene Position, das eigene festgefügte Weltbild ins Wanken bringen könnte?

Jedenfalls wissen wir, daß dieser Vater neben seinen eigenen Wertmaßstäben nichts anderes gelten läßt. Er wird auch nicht hellhörig, als er merkt, daß die drei berühmten Meister, zu denen er seinen Sohn in die Lehre gibt, diesem gar nichts von dem beibringen, was er selbst für wichtig hält. Es liegt ihm fern, daraus zu schließen, daß die Berühmtheit dieser Männer vielleicht gerade mit ihren andersgearteten Fähigkeiten zusammenhängt, er sieht nur, daß sie mit seinem Weltbild nicht übereinstimmen und deshalb gar nichts taugen können. Selbstgerecht ist dieser Mann – aber wird er sich selbst wirklich gerecht?

Der Sohn verkörpert den Teil im Mann, der wachsen und das Ich entwickeln und erweitern will. Er

> «... bedeutet die freie Persönlichkeit, die aus dem angestammten Selbst erwächst: das Ich. Der Sohn muß hinaus in die Welt – er muß eine Weltanschauung gewinnen –, er muß Aufgaben und Proben bestehen, Erfahrungen machen, das Reich der Seele finden, sich mit der Jungfrau vermählen. Modern gesagt: das Ich muß höheres Ich werden und sich durchseelen.»[45]

Auch geistiges Wachstum, die Auseinandersetzung mit der Innen- und der Außenwelt und ihren Gesetzen ist damit gemeint. Von diesem Sohn, der die Stimmen der Natur verstehen lernt, fühlt das alte Vater-Ich sich bedroht.

Die Sprache der Tiere in diesem Märchen kann als Sprache der Triebe und Instinkte im Menschen verstanden werden. Mit diesem Bereich beschäftigt sich der Sohn, ihn versucht er zu verstehen. Der Mensch ist aus dem Tierreich hervorgegangen und mit dem Naturbereich bis heute eng verbunden. Unsere Triebnatur kann uns leiten und schützen wie eine innere Stimme, sie kann uns aber auch überwältigen und gefährlich werden. Dann wird der Mensch zum Tier, in den Märchen zu Löwen, Bären, Vögeln, und muß erlöst werden.[46] Beispiele dafür sind die Grimmschen Märchen ‹Das singende springende Löweneckerchen› oder ‹Schneeweißchen und Rosenrot›.

Dieser Erlösungsvorgang zeigt symbolhaft, wie unsere Triebe durch gefühlsbestimmte und geistige Kräfte, die oft in Gestalt der Helden auftreten, umgewandelt, ja ‹verfeinert› werden. Der Verzauberte wird aus seiner Tiergestalt, deren Gesetzen er unterliegt, befreit und kann nun ein vollwertiger, nicht länger durch die Triebnatur allein bestimmter Mensch werden.

In unserem Märchen finden wir die Entwicklung quasi umgekehrt. Wir sehen hier einen Mann, der eigentlich alles hat, was er zum Menschsein braucht – immerhin ist er Graf –, und der sich trotzdem den Tieren zuwendet, um von ihnen zu lernen.

Dabei wirken – subjektstufig verstanden – zwei gegenläufige Kräfte in diesem Mann. Der Vater verkörpert den alten Menschen. Rudolf Geiger beschreibt ihn als jemanden, der «... eine strenge Logik» handhabt,

> «... die er in den ‹Drei Sprachen› auch auf seinen Sohn übertragen will. Wir sind im Zeitengang an einem Schnittpunkt angelangt, wo Intellektualität die ursprüngliche Weisheit ersetzt. Aber im Grafen wirkt noch der Abglanz der von oben verliehenen Macht eines universalen Regenten, beim Grafen verengt auf das einseitig gebundene Verstandesbewußtsein des Tages. Daß sein Sohn viel hintergründigere Fähigkeiten hat – die Sprache der Tiere zu lernen – dafür hat der Graf kein Gespür.

Diese Fähigkeiten gelten ihm nichts, weil sie auf der verborgenen Nachtseite des Daseins liegen.»[47]

Der Vater erscheint in diesem Märchen also als Verkörperung der intellektuellen, realistischen Verstandesseite; er vertritt das nach außen Sichtbare und Meßbare, den Erfolg. Der Sohn als der Anteil, der fragt, sucht und die Hinter- und Untergründe erforscht, lernt beizeiten, mit den Trieben umzugehen, sie zu verstehen. Er repräsentiert den Teil im Menschen, der sich mit seiner Natur aussöhnen kann.

Was sagen uns nun die Stimmen der Tiere? Warum will der Sohn ihre Sprache lernen, und warum will der Vater nichts von ihnen wissen?

Da sind zunächst die Hunde, die tief unten in einem alten Turm einen Goldschatz hüten. Demjenigen, der sie versteht und der mit ihnen umgehen kann, tun die Hunde nichts Böses, im Gegenteil, sie weisen ihm den Weg zum Schatz.

Der Hund wurde in vielen Kulturen mit dem Tod verbunden. Er ist «ein Tier der Schwelle, steht zwischen Diesseits und Jenseits, ist Wächter der Unterweltspforte (Kerberos im griechischen, Garm im germanischen Mythos).»[48] Hunde haben einen hervorragenden Spürsinn und können treue Wegbegleiter des Menschen sein, in ihrer ungezähmten Form als Wolf aber auch viel Unheil anrichten. Die Schätze, die sie hüten, liegen tief in uns begraben, in unserem unteren Körperbereich, dem Sitz unserer Lebenskraft und Sexualität. Auf dem Weg dorthin, in unsere Unterwelt, lauern viele Gefahren.

Solange dieser Schatz nicht gehoben ist, so heißt es im Märchen, kommen die Hunde nicht zur Ruhe und fordern immer neue Menschenopfer. Das heißt, sie fordern die Menschen zum Opfer, die ihren Schatz nicht finden können, ja offenbar gar nicht wissen, daß sie einen besitzen, sondern nur die negativen gefährlichen Aspekte ihrer ‹Unterwelt› wahrnehmen können. Sie fürchten, daß die ‹wilden

Hunde›, d.h. ihre unkontrollierbaren Lebenstriebe, sie überwältigen. Die Hunde aber heulen gar nicht, weil sie jemanden bedrohen, sondern weil sie endlich gehört und erlöst werden wollen. Um das zu wissen und sie als Führer annehmen zu können, muß man aber ihre Sprache verstehen lernen.

Auch die Frösche können zu uns in einer alten Symbolsprache sprechen: Sie sind der Erde und dem Wasser zugehörig und gelten, wohl auf Grund ihrer biologischen Entwicklung, als Sinnbild der Wandlung und Wiedergeburt – der Frosch im Grimm-Märchen ‹Der Froschkönig› zum Beispiel verwandelt sich in einen schönen Prinzen. Wegen ihrer großen Fruchtbarkeit stehen sie auch in Zusammenhang mit Zeugung und Geburt – Dornröschens Geburt etwa wird von einem Frosch angekündigt. Nicht von ungefähr wird also unserem jungen Mann im Märchen seine bevorstehende Wandlung zum Papst von Fröschen kundgetan.

Die äußeren Veränderungen in Märchen – vom Frosch zum Prinzen, vom Grafensohn zum Papst, von der Müllerstochter zur Königin – können wir auch als innere Wandlungsprozesse verstehen, Entwicklungen zu neuer, zeitgemäßer Reife. Mit dem Amt des Papstes hat der Held die höchste Stufe spirituellen Wissens erreicht. Als Zeichen dafür begleiten ihn nun zwei weiße Tauben als Ratgeber, Symbol für seine hohe innere Erkenntnisfähigkeit. Wie alle Vögel, verkörpern sie die geistigen Kräfte, die, bildlich verstanden, von oben sich herabsenken und den Menschen zu neuer Weisheit führen.

Die symbolhaften Bedeutungen von Hund, Frosch und Vogel werden noch ergänzt durch die drei Elemente Erde, Wasser und Luft, die ihnen zugeordnet werden. Eine gute Verbindung zu diesen drei Elementen ist für den Menschen lebenswichtig. Wir sind aus ihnen gemacht, und unser Körper- und Sinnenbereich wird von ihnen bestimmt.

Wir sehen, welch bedeutendes Wissen die Stimmen der Tiere uns vermitteln können und wie wichtig es für uns ist, sie zu verstehen. Das allerdings erfordert Geduld, Aufmerksamkeit und ‹Hinhörenkönnen›.

Der Teil in uns, der das Realitätsprinzip vertritt, in diesem Märchen der Vater, hat dafür keine Zeit, er orientiert sich am schnellen Erfolg, am Geschäft. Gefühle, Sinnlichkeit, innere Entwicklung sind für ihn nutzlose Schwärmerei. Damit verdrängen wir aber auch die hier durch den Sohn verkörperten Kräfte, die in unser Leben Warmherzigkeit, Lebendigkeit und Entwicklung bringen und die zudem maßgeblich sind für unsere Kontakte zu anderen Menschen.

Auch das Kind in uns selbst bleibt dabei auf der Strecke, das uns auf dem Weg zu unserer inneren Natur ein Führer sein könnte. Überlassen wir dem Sohn in uns die Führung, so werden wir uns wundern, wie weit wir mit Hilfe von Hunden, Fröschen und Tauben gelangen können: Indem der Junge lernte, den Stimmen der Natur entsprechend seine eigenen inneren Stimmen zu verstehen und ihnen zu folgen, gelangte er ganz wie von selbst an ein Ziel, das andere auch durch größte äußere Anstrengungen nicht erreichen können. Seinen eigenen Weg gehen, das zeigt uns dieses Märchen, bedeutet, auch Konflikte – wie hier mit dem Vater als hemmendem stagnierendem Element – durchzustehen, auf äußere Anerkennung zu verzichten, Mut zum Ungewöhnlichen zu haben.

In der Beziehung zwischen Eltern und Kindern sind diese Kräfte besonders wichtig. Unsere Kinder mit ihrer Triebhaftigkeit, ihrer Empfindsamkeit und ihrer erwachenden Sexualität stellen für uns eine Herausforderung dar. Wir Erwachsenen haben oft nicht gelernt, uns mit den Tieren und dem, was sie uns sagen und zeigen wollen, zu beschäftigen, wir sind es gewohnt, sie zu fürchten und zu meiden. ‹Schlafende Hunde soll man nicht wecken›; sich in die eigene Unterwelt der Triebe zu begeben, kann gefährlich und überwältigend werden. Das wollen wir auch unseren Kindern ersparen, nicht ahnend, daß wir uns und sie damit um die Nutzung eines großen Schatzes bringen.

Wie oft lassen wir Eltern unsere Kinder ziehen, ja vertreiben sie sogar aus unserem Hause mit unseren fixen Vorstellungen von Nützlichkeit und Konventionen. Zwar hat die Vaterstimme in uns sicher gute Gründe, auf dem Realitätsprinzip zu beharren; diese Haltung bewirkt aber Stagnation, wenn wir alle anderen Stimmen in uns mundtot machen, wie der Vater hier im Märchen, der seinen Sohn töten will. Das vorwärtsstrebende, sich entwickelnde Element, der ‹Sohn in uns›, kann uns auf Wege führen, die uns eine neue geistige Dimension öffnen.

In der konkreten Beziehung zu unseren Kindern kann das auch bedeuten: Das, was wir uns an Entwicklungsmöglichkeiten für sie vorstellen können, ist manchmal sehr begrenzt. Wir gehen von unseren eigenen Erfahrungen aus, von dem, was Erfolg verspricht im Leben. Alles andere lehnen wir ab, weil wir es uns nicht vorstellen können. Unsere Kinder aber tragen möglicherweise ganz andere Möglichkeiten und Bedürfnisse in sich, die, wenn sie sich nur entwickeln dürfen, ihrem Leben eine neue, eigene Richtung geben könnten und unser Leben bereichern würden. Es ist zum Beispiel weder notwendig noch selbstverständlich, daß ein Kind das Gymnasium besucht, nur weil seine Eltern und Großeltern vor ihm auch das Abitur gemacht haben. So wie wir oft unsere eigenen intellektuellen Fähigkeiten überbewerten – auf Kosten unserer Naturverbundenheit, unseres sinnlichen Empfindens – fördern wir auch einseitig die intellektuelle Entwicklung unserer Kinder. Vielleicht hat der Sohn oder die Tochter handwerkliche oder künstlerische Fähigkeiten, die auf solch einer Schule gar nicht erkannt, geschweige denn gefördert werden können. In diesem Fall wäre es traurig, als Schlußfolgerung nur die Alternative: Abitur oder Versager in Betracht zu ziehen.

Eltern, die dieser Entwicklung bewußt gegensteuern, etwa durch die Wahl einer Waldorfschule, geraten oft ins andere Extrem. Auch hier wird wieder etwas ausgespart, nämlich die bewußte und kritische Auseinandersetzung mit unserer Realität, mit allen Schattenseiten. Gerade für junge Menschen, die sich aus der harmonischen Sicherheit des Elternhauses lösen müssen, ist dies besonders wichtig.

Bei all den Entscheidungen, die wir für unsere Kinder treffen, sollten wir uns fragen, welches unsere eigenen unbewußten Motive sind: Wähle ich eine bestimmte Schule, um mein eigenes ungestilltes Harmoniebedürfnis zu befriedigen, eine andere, um gerade dies zu verdrängen? Was soll mein Kind für mich erledigen?

Sich selbst und andere zu verstehen in ihren Eigenarten erfordert Geduld und Lernwilligkeit, darüber hinaus aber auch eine gewisse Distanz, um zwischen eigenen Bedürfnissen und denen anderer unterscheiden zu können.

Nehmen wir uns die Zeit, mit all unseren Sinnesorganen zu spüren, worum es unserem Kind im Leben geht – d. h. zu fragen, zu beobachten, zuzuhören –, und es darin ernstzunehmen. Und genauso könnten wir auch mit uns selber umgehen, um herauszufinden, welche Wünsche und Bedürfnisse, welche Fähigkeiten unser inneres Kind hat und welchen Weg es gehen möchte.

Vielleicht fragen Sie sich inzwischen mit Entsetzen, ob denn in Märchen nur ‹schlechte›, das heißt egoistische, grausame, neidische oder uneinsichtige Eltern dargestellt werden und, wenn ja, warum das so ist.

Nun, Märchen vereinfachen die Welt sehr stark. Ein Märchen beschreibt nicht reale Persönlichkeiten in ihrer ganzen komplexen Vielfalt, sondern verfolgt einen Handlungsstrang, einen inneren Entwicklungsprozeß. Dementsprechend werden die Menschen nicht in ihrer Vielschichtigkeit geschildert, sondern vor allem mit ihren typischen

Eigenschaften, die für ihren Entwicklungsweg wichtig sind. Märchenpersonen sind daher keine Individuen, sondern Repräsentanten ganz bestimmter allgemeinmenschlicher Verhaltensweisen und Entwicklungen. Da jedoch, wie wir sahen, am Anfang jeder Entwicklung ein Konflikt als notwendiger Antriebsfaktor steht, werden in den Fällen, in denen es um die Eltern-Kindbeziehung geht, hauptsächlich deren konfliktauslösende Eigenschaften geschildert. Im Märchen interessieren nicht die individuellen Probleme einer bestimmten Person, sondern die allgemeinen Themen, die im Verhältnis zwischen Menschen immer wiederkehren, unabhängig von der Zeit, dem Land und der Schicht. Gerade diese Vereinfachung, die Reduzierung auf das jeweils ausschlaggebende Problem, macht es uns möglich, uns über Zeit und Raum hinweg in diesen Geschichten und ihren Menschen wiederzuerkennen.

Im Umgang der Menschen miteinander sind hauptsächlich die sogenannten negativen Eigenschaften wie Ungeduld, Eifersucht und Machtstreben konfliktauslösend, und das ist der Grund, warum solche menschlichen Verhaltensweisen in Märchen beschrieben werden. So können wir sofort die Problematik erkennen und, wenn wir dazu bereit sind, eigene innere Anteile, die uns Schwierigkeiten bereiten, wahrnehmen.

Es kommt in Märchen aber auch vor, daß Eltern mit ihren Kindern in einer uns positiv erscheinenden Weise umgehen, liebevoll und beschützend, und die Kinder dennoch einen leidvollen Entwicklungsweg durchmachen müssen, wie etwa im ‹Dornröschen›.

Das legt die Vermutung nahe, daß solch eine Einteilung menschlicher Eigenschaften in positive und negative ungeeignet ist. Sinnvoller ist die Beschreibung von Verhaltensweisen als entwicklungsfördernd oder entwicklungshemmend. So betrachtet, kann auch ein Wutanfall zur rechten Zeit entwicklungsfördernd sein, während schützendes Verhalten zur falschen Zeit hemmend wirken kann. Unter diesem Gesichtspunkt gibt es keine ‹guten und schlechten› Eigenschaften, es kommt für Eltern nicht so sehr darauf an, bestimmte Gefühle und Verhaltensweisen im Umgang mit ihren Kindern in sich zu unterdrücken und andere wiederum zu fördern, sondern eher darauf, all ihre Gefühle gleichermaßen wahrzunehmen und mit diesen sinnvoll, das heißt entwicklungsfördernd für beide Teile, umgehen zu lernen.

Die Gänsemagd
Wie Gutes hemmen und Schlechtes fördern kann

Es lebte einmal eine alte Königin, der war ihr Gemahl schon lange Jahre gestorben und sie hatte eine schöne Tochter, wie die erwuchs, wurde sie weit über Feld auch an einen Königssohn versprochen. Als nun die Zeit kam, wo sie vermählt werden sollten, und das Kind in das fremde Reich abreisen mußte, packte ihr die Alte gar viel köstliches Geräth und Geschmeide ein: Gold und Silber, Becher und Kleinode, kurz alles, was ihr zu einem königlichen Brautschatz gehörte, denn sie hatte ihr Kind von Herzen lieb. Auch gab sie ihr eine Kammerjungfer bei, welche mitreiten und die Braut in die Hände des Bräutigams überliefern sollte und jede bekam ein Pferd zur Reise, aber das Pferd der Königstochter hieß *Falada* und konnte sprechen. Wie nun die Abschiedsstunde da war, begab sich die alte Mutter in ihre Schlafkammer, nahm ein Messerlein und schnitt damit in ihre Finger, daß sie bluteten; darauf hielt sie ein weißes Läppchen unter und ließ drei Tropfen Blut hineinfallen, gab sie der Tochter und sprach: « liebes Kind verwahr sie wohl, sie werden dir unterweges Noth thun.»

Also nahmen beide von einander betrübten Abschied, das Läppchen steckte die Königstochter in ihren Busen vor sich, setzte sich auf's Pferd und zog nun fort zu ihrem Bräutigam. Da sie eine Stunde geritten waren, empfand sie heißen Durst und rief ihrer Kammerjungfer: steig ab und schöpfe mir mit meinem Becher, den du aufzuheben hast, Wasser aus dem Bach, ich möchte gern einmal trinken. «Ei, wenn ihr Durst habt, sprach die Kammerjungfer, so steigt selber ab, legt euch an's Wasser und trinkt, ich mag eure Magd nicht seyn!» Da stieg die Königstochter vor großem Durst herunter, neigte sich über das Wässerlein im Bach und trank und durfte nicht aus dem goldnen Becher trinken. Da sprach sie: «ach Gott!» da antworteten die drei Blutstropfen: «wenn das deine Mutter wüßte, das Herz im Leibe thät ihr zerspringen.» Aber die Königsbraut war gar demüthig, sagte nichts und stieg wieder zu Pferd. So ritten sie etliche Meilen weiter fort und der Tag war warm, daß die Sonne stach und sie durstete bald von neuem; da sie nun an einen Wasserfluß kamen, rief sie noch einmal ihre Kammerjungfer: «steig ab und gieb mir aus meinem Goldbecher zu trinken!» denn sie hatte aller bösen Worte längst vergessen. Die Kammerjungfer sprach aber noch hochmüthiger: «wollt' ihr trinken, so trinkt allein, ich mag nicht eure Magd seyn.» Da stieg die Königstochter hernieder vor großem Durst und legte sich über das fließende Wasser, weinte und sprach: «ach Gott!» und die Blutstropfen antworteten wiederum: «wenn das deine Mutter wüßte, das Herz im Leibe thät ihr zerspringen!» Und wie sie so trank und sich recht überlehnte, fiel ihr das Läppchen, worin die drei Tropfen waren, aus dem Busen, und floß mit dem Wasser fort, ohne daß sie es in ihrer großen Angst merkte. Die Kammerfrau hatte aber zugesehen und freute sich, daß sie Macht über die Braut bekäme, denn damit, daß diese die Blutstropfen verloren hatte, war sie schwach geworden. Als sie nun wieder auf ihr Pferd steigen wollte, das da hieß Falada, sagte die Kammerfrau: «auf Falada gehör' ich und auf meinen Gaul gehörst du» und das mußte sie sich gefallen lassen, außerdem hieß sie die Kammerfrau auch noch die königlichen Kleider ausziehen und ihre schlechten anlegen, und endlich mußte sie sich unter freiem Himmel verschwören, daß sie am königlichen Hof keinem Menschen nichts davon sprechen wollte, und wenn sie diesen Eid nicht abgelegt hätte, wäre sie auf der Stelle umgebracht worden. Aber Falada sah das alles an und nahm's wohl in Acht.

Die Kammerfrau stieg nun auf Falada und die wahre Braut auf das schlechte Roß, und so zogen sie weiter, bis sie endlich in dem königlichen Schloß eintrafen, da war große Freude über ihre Ankunft, und der Königssohn sprang ihnen entgegen, hob die Kammerfrau vom Pferde und meinte, sie wäre seine Gemahlin, und sie wurde die Treppe hinaufgeführt, die wahre Königstochter aber mußte unten stehen bleiben. Da schaute der alte König am Fenster und sah sie im Hofe halten, nun war sie fein und zart und sehr schön, ging hin ins königliche Gemach und fragte die Braut nach der, die sie bei sich hätte und da unten im Hofe stände, und wer sie wäre? «ei, die hab' ich mir unterwegs mitgenommen zur Gesellschaft, gebt der Magd was zu arbeiten, daß sie nicht müßig steht.» Aber der alte König hatte keine Arbeit für sie und wußte nichts, als daß er sagte: «da hab' ich so einen kleinen Jungen, der hütet die Gänse, dem mag sie helfen!» Der Junge hieß *Kürdchen* (Conrädchen), dem mußte die wahre Braut helfen Gänse hüten.

Bald aber sprach die falsche Braut zu dem jungen König: «liebster Gemahl, ich bitte euch, thut mir einen Gefallen!» Er antwortete: «das will ich gerne thun.» «Nun so laßt mir den Schinder rufen und da dem Pferd, worauf ich her geritten bin, den Hals abhauen, weil es mich unterweges geärgert hat»; eigentlich aber fürchtete sie sich, daß das Pferd sprechen möchte, wie sie mit der Königstochter umgegangen wäre. Nun war das so weit gerathen, daß es geschehen und der treue Falada sterben sollte, da kam es auch der rechten Königstochter zu Ohr und sie versprach dem Schinder heimlich ein Stück Geld, das sie ihm bezahlen wollte, wenn er ihr einen kleinen Dienst erwiese. In der Stadt war ein großes finsteres Thor, wo sie Abends und Morgens mit den Gänsen durch mußte, «unter das finstere Thor möchte er dem Falada seinen Kopf hinnageln, daß sie ihn doch noch mehr als einmal sehen könnte.» Also versprach das der Schindersknecht zu thun, hieb den Kopf ab und nagelte ihn unter das finstere Thor fest.

Des Morgens früh, als sie und Kürdchen unterm Thor hinaus trieben, sprach sie im Vorbeigehen:

o du Falada, da du hangest,

da antwortete der Kopf:

o du Jungfer Königin, da du gangest,
wenn das deine Mutter wüßte,
ihr Herz thät ihr zerspringen!

da zog sie still weiter zur Stadt hinaus und sie trieben die Gänse auf's Feld. Und wenn sie auf der Wiese angekommen war, saß sie hier und machte ihre Haare auf, die waren eitel Silber, und Kürdchen sah sie und freute sich, wie sie glänzten, und wollte ihr ein Paar ausraufen. Da sprach sie:

weh'! weh'! Windchen*,
nimm Kürdchen sein Hütchen,
und laß'n sich mit jagen,
bis ich mich geflochten und geschnatzt
und wieder aufgesatzt.

und da kam ein so starker Wind, daß er dem Kürdchen sein Hütchen wegwehte über alle Land, daß es ihm nachlief und bis es wiederkam, war sie mit dem Kämmen und Aufsetzen fertig und es konnte keine Haare kriegen. Da war Kürdchen bös und sprach nicht mit ihr, und so hüteten sie die Gänse bis daß es Abend wurde, dann fuhren sie nach Haus.

Den andern Morgen, wie sie unter dem finstern Thor hinaustrieben, sprach die Jungfrau:

o du Falada, da du hangest,

es antwortete:

* D. h. Windchen wehe! nicht die Ausrufung eheu!

o du Jungfer Königin, da du gangest,
wenn das deine Mutter wüßte,
das Herz thät ihr zerspringen!

und in dem Feld setzte sie sich wieder auf die Wiese und fing an ihr Haar auszukämmen, und Kürdchen lief und wollte darnach greifen, da sprach sie schnell:

weh'! weh'! Windchen,
nimmt dem Kürdchen sein Hütchen,
und laß'n sich mit jagen,
bis ich mich geflochten und geschnatzt
und wieder aufgesatzt,

da wehte der Wind und wehte ihm das Hütchen vom Kopf weit weg, daß es nachzulaufen hatte, und als es wieder kam, hatte sie längst ihr Haar zurecht und es konnte keins davon erwischen, und sie hüteten die Gänse bis es Abend wurde.

Abends aber, nachdem sie heim kamen, ging Kürdchen vor den alten König und sagte: «mit dem Mädchen will ich nicht länger Gänse hüten.» Warum denn? sprach der alte König. «Ei, das ärgert mich den ganzen Tag.» Da befahl ihm der alte König, zu erzählen, wie's ihm denn mit ihr ginge. Da sagte Kürdchen: «des Morgens wenn wir unter dem finstern Thor mit der Heerde durchkommen, so ist da ein Gaulskopf an der Wand, zu dem redet sie:

Falada, da du hangest,

da antwortet der Kopf:

o du Königsjungfer, da du gangest,
wenn das deine Mutter wüßte,
das Herz thät ihr zerspringen!

und so erzählte Kürdchen weiter, was auf der Ganswiese geschehe und wie es da dem Hut im Wind nachlaufen müßte.

Der alte König befahl ihm aber, den nächsten Tag wieder hinaus zu treiben, und er selbst, wie es Morgens war, setzte sich hinter das finstere Thor und hörte da, wie sie mit dem Haupt des Falada sprach; und dann ging er ihr auch nach in das Feld und barg sich in einem Busch auf der Wiese. Da sah er nun bald mit seinen eigenen Augen, wie die Gänsemagd und der Gänsejung die Heerde getrieben brachten und nach einer Weile sie sich setzte und ihre Haare losflocht, die strahlten von Glanz. Gleich sprach sie wieder:

weh'! weh'! Windchen,
Faß Kürdchen sein Hütchen
und laß'n sich mit jagen,
bis daß ich mich geflochten und geschnatzt
und wieder aufgesatzt

da kam ein Windstoß und fuhr mit Kürdchens Hut weg, daß es weit zu laufen hatte, und die Magd kämmte und flocht ihre Locken still fort, welches der alte König alles beobachtete. Darauf ging er unbemerkt zurück und als Abends die Gänsemagd heim kam, rief er sie bei Seite und fragte: warum sie dem allem so thäte? «das darf ich euch und keinem Menschen nicht sagen, denn so hab' ich mich unter freiem Himmel verschworen, weil ich sonst um mein Leben wäre gekommen.» Er aber drang in sie und ließ ihr keinen Frieden, «willst du mir's nicht erzählen», sagte der alte König endlich, «so darfst du's doch dem Kachelofen erzählen.» «Ja, das will ich wohl», antwortete sie. Damit mußte sie in den Ofen kriechen und schüttete ihr ganzes Herz aus, wie es ihr bis dahin ergangen und wie sie von der bösen Kammerjungfer betrogen worden war. Aber der Ofen hatte oben ein Loch, da lauerte ihr der alte König zu und vernahm ihr Schicksal von Wort zu Wort. Da war's gut und Königskleider wurden ihr alsbald angethan und es schien ein Wunder, wie sie so schön war; der alte König rief seinen Sohn und offenbarte ihm, daß er die falsche Braut hätte, die wäre ein bloßes Kammermädchen, die wahre aber stände hier, als die gewesene Gänsemagd. Der junge König aber war herzensfroh, als er ihre Schönheit und Tugend erblickte und ein großes Mahl wurde angestellt, zu dem alle Leute und gute Freunde gebeten wurden, obenan saß der Bräutigam, die Königstochter zur einen Seite und die Kammerjungfer zur andern, aber die Kammerjungfer war verblendet und erkannte jene nicht mehr in dem glänzenden Schmuck. Als sie nun gegessen und getrunken hatten und gutes Muths waren, gab der alte König der Kammerfrau ein Räthsel auf: was eine solche werth wäre, die den Herrn so und so betrogen hätte, erzählte damit den ganzen Verlauf und fragte: «welches Urtheils ist diese würdig?» Da sprach die falsche Braut: «die ist nichts besseres werth, als splinternackt ausgezogen in ein Faß inwendig mit spitzen Nägeln beschlagen geworfen zu werden, und zwei weiße Pferde davor gespannt müssen sie Gaß auf Gaß ab zu Tode schleifen!» «Das bist du, sprach der alte König, und dein eigen Urtheil hast du gefunden und darnach soll dir widerfahren», welches auch vollzogen wurde; der junge König vermählte sich aber mit seiner rechten Gemahlin und beide regirten ihr Reich in Frieden und Seligkeit.

***

Das Märchen ‹Die Gänsemagd› schildert einen Trennungsprozeß, der nicht durch einen Konflikt zwischen Eltern und Kindern ausgelöst zu sein scheint, sondern durch einen äußeren Anlaß: die Königstochter soll verheiratet werden. Die alleinstehende alte Königin nimmt schmerzlichen Abschied von ihrer Tochter, «... denn sie hatte ihr Kind von Herzen lieb». Sie gibt ihr einen reichen Brautschatz von Gold und Silber mit in die Fremde, ein sprechendes Pferd und außerdem drei Tropfen ihres eigenen Blutes auf einem weißen Läppchen, die ihre Tochter unterwegs beschützen sollen. Wir sehen also, diese Tochter bekommt viel Gutes von ihrer Mutter mit auf den Weg. Wir können uns vorstellen, daß die beiden ein liebevolles Verhältnis zueinander haben.

Gold und Silber würde sicher jede Mutter gern ihrem scheidenden Kind mitgeben. Es bedeutet Reichtum, materielle Sicherheit, ist aber auch in vielen Märchen ein Zeichen hoher Herkunft und innerer Kraft und Reinheit. Wenn die Königstochter später als Gänsehirtin ihre Haare löst, so sind diese ‹eitel Silber›, und beim Kämmen entwickelt sie magische Kräfte, die indirekt dazu führen, daß sie wieder in ihr wahres Königtum eingesetzt wird. So wirken Gold und Silber der Mutter als Kraft in ihr weiter.

Wie das Gold, so wird auch das Pferd in alten Mythologien in Verbindung zur Sonne gebracht, die alles erleuchtet.[49] Friedel Lenz beschreibt es als «Symbol des instinktiven Verstandes»[50]. Dieser erinnert die Gänsemagd als abgeschlagenes Pferdehaupt später jeden Tag daran, wer sie wirklich ist, stellt die Verbindung zu ihrer wahren Identität und ihrer Herkunft dar. Die Königstochter weiß im Grunde ihres Herzens, wer sie ist, sie ist nur vorübergehend in ihrem Selbst-Bewußtsein erschüttert.

Die Blutstropfen der Mutter haben sie nicht vor solchen Erschütterungen schützen können. Diese Blutstropfen haben eine magische Bedeutung. Wie bei der Blutbrüderschaft sollen sie die Verbundenheit zweier Menschen bekräftigen. In vielen alten Kulturen wurde das Blut als Sitz der Seele und des Lebens überhaupt angesehen, bei Opferritualen wurde das Berühren oder Verzehren des Opferblutes «als lebenserneuernd empfunden ...»[51].

Hier opfert die Mutter Blut, das heißt etwas von ihrer eigenen Lebenskraft, für ihre Tochter. Diese Kraft aus der Rückverbindung zur Mutter verliert die Königstochter auf ihrer Reise. Ohne sie ist sie hilflos und kann sich nicht behaupten. Im Märchen heißt es, daß sie demütig war, nichts sagte, große Angst hatte. Auch die zweite gute Gabe der Mutter, das königliche Pferd, büßt sie ein. Die Kammerjungfer eignet sich alles an, denn sie hat Macht über die Prinzessin gewonnen, nachdem diese den mütterlichen Schutz verloren hatte. Die Kammerjungfer aber ist auch eine Gabe der Mutter! – Hätte die alte Königin ihrer Tochter nicht eine bessere Dienerin mitgeben können?

Was bedeutet die Kammerjungfer? Sicher ist sie die Schlüsselfigur unserer Geschichte. Bis jetzt hat sie am Hof der Königin eine untergeordnete Rolle gespielt, bestimmt ist sie bis zu dieser Reise noch nie negativ aufgefallen. Hätte die Königin sie sonst als Begleitung für ihre Tochter ausgesucht? Die Kammerjungfer trägt aber einen heimlichen Groll im Herzen: Sie möchte nicht ewig anderen dienen, nicht ihr Leben in unbedeutender Stellung verbringen.

Stellen wir einmal die Mutter-Königin in den Mittelpunkt unserer Betrachtungen, so weisen Königstochter und Kammerjungfer auf zwei gegensätzliche Aspekte ihrer Person hin: Zunächst dominieren die ‹Königstochtereigenschaften›, und wir sehen sie nur als liebevolle, geduldige und demütige Frau; erst später entpuppt sich ihre andere Seite. In Gestalt der Kammerjungfer erscheinen ihr Ehrgeiz, ihre Ansprüche und Aggressionen. Diese beherrschen sie schließlich so stark, daß all ihre anderen Eigenschaften in den Hintergrund gedrängt werden. Zwar versucht sie, ihr altes königliches Selbstbild noch aufrechtzuerhalten, aber dieses beruht auf einer doppelten Täuschung: einmal dem Bräutigam gegenüber, denn die Kammerjungfer ist nicht die schöne, gute und souveräne Königin, die sie zu sein vorgibt, und dann auch sich selbst gegenüber, denn sie glaubt schließlich, was sie selbst sagt, und kann am Ende der Geschichte die Wahrheit, die in Gestalt der Königstochter ihr gegenüber am Tisch sitzt, nicht mehr erkennen. Indem die Königin die böse Kammerjungfer in sich herrschen läßt, ‹lügt sie sich in die eigene Tasche›.

Unser Märchen zeigt uns, wie die innere Auseinandersetzung zwischen diesen beiden Gegenpolen verlaufen kann. Zunächst hat sich das Verhältnis umgekehrt: Während zu Anfang die Prinzessin die Kammerjungfer beherrschte und diese ihr dienen mußte, hat sich nun die Kammerjungfer zur Herrscherin aufgeschwungen und die Prinzessin ins Abseits gedrängt. Diese aber hat sich einen kleinen geschützten Platz bewahrt, wo sie ihre Kräfte sammeln kann. Auf der Gänsewiese wird aus einem abhängigen, ängstlichen Mädchen eine selbständig handelnde Frau, die schließlich den Platz im Leben, der ihr zusteht, erreicht. Aus einer kleinen Kraft wird, in der Auseinandersetzung mit ihren neuen Aufgaben, eine große Kraft. Auf dem Weg dorthin muß sie zwar ihren verwöhnten Prinzessinnenstatus aufgeben, sie lernt aber erstaunlich schnell mit den Anforderungen der Realität umzugehen, ohne ihren Anspruch auf ein besseres Leben aufzugeben. Dieser Anspruch wird verkörpert durch Falada. Ihn rettet sie für sich und hört jeden Tag auf seine Stimme, die sie an ihre wahre Bestimmung erinnert.

Was kann uns Eltern dieses Märchen in bezug auf unseren Umgang mit Kindern sagen?

Hierzu betrachten wir es auf der objektstufigen Ebene, das heißt wir sehen uns als Königin und unser Kind als Königstochter. Nun wird deutlich, daß wir die positiven und die negativen Kräfte, die wir in der subjektstufigen Betrachtung als Aspekte unserer Persönlichkeit identifiziert haben, auch nach außen leben und weitergeben. Gewollt oder ungewollt wirkt alles, was in uns ist, auch nach außen: die ‹guten› Dinge wie Liebe, Schutz, Rat, im Märchen versinnbildlicht durch den reichen Brautschatz, die Blutstropfen und Falada, und die ‹schlechten› wie Machtstreben, Ehrgeiz, Egoismus, Lüge, die sich hier in der Kammerjungfer verkörpern.

Alle Eltern wollen ihren Kindern soviel Gutes wie möglich mit auf den Weg geben, wenn schon kein Gold und Geschmeide, so doch eine gute Erziehung und Ausbildung, materielle Unterstützung, ein zu erbendes Haus und soviel Liebe und Schutz wie möglich. Wir hoffen, daß all dies unseren Kindern nützlich sein wird, auch wenn sie fern von uns sind, und dafür verzichten wir gern und selbstverständlich auf die Befriedigung eigener Bedürfnisse. So selbstverständlich, daß wir oft gar nicht merken, daß wir überhaupt eigene Bedürfnisse haben.

Diese sind aber deshalb nicht verschwunden, sondern wirken, ins Unbewußte abgedrängt, als zerstörerische Triebe weiter. Hier offenbart sich eine ambivalente Gefühlshaltung vieler Eltern: Einerseits möchten wir unsere Kinder so lange wie möglich vor den Härten und Gefahren des Lebens schützen, auch vor unseren eigenen Härten und Grenzen, die wir ihnen entgegensetzen könnten, andererseits erwarten wir von ihnen, daß sie selbständig genug sind, sich mit genau diesen Dingen erfolgreich auseinanderzusetzen.

Wie können wir diesem Dilemma begegnen? Möglichst früh und zu Hause! Die ersten Härten im Leben eines Kindes sind Bedürfniskonflikte: Das Kind möchte etwas haben und bekommt es nicht (wie die Königstochter den goldenen Becher), es möchte versorgt werden, muß aber selber handeln (die Königstochter muß vom Pferd steigen und Wasser aus dem Bach trinken). Diese Konflikte entstehen meist daraus, daß Vater oder Mutter gerade keine Zeit haben oder etwas für sich selbst tun oder haben wollen. Eltern haben also auch eigene Bedürfnisse und Wünsche, die sie nicht immer denen der Kinder unterordnen. Nicht alle diese Wünsche sind angenehm, oft sind sie erschreckend heftig.

Welche Mutter, welcher Vater hätte sich nicht schon einmal bei solchen Gefühlen seinen Kindern gegenüber ertappt: «Solange du die Füße unter meinem Tisch hast, hast du zu gehorchen» (Machtstreben), «Wenn die Kinder nicht wären, hätte ich längst eine mir angemessene Stellung erreicht» (Ehrgeiz), «ich will jetzt endlich etwas für mich, anstatt ständig die Kinder zu versorgen und zu bedienen» (Egoismus). Hier spricht die Kammerjungfer in uns, die ihre Gefühle und Bedürfnisse nur heimlich empfinden kann. All diese Gedanken schieben wir ganz schnell von uns weg, obwohl sie eine Betrachtung wert wären, denn wir können sie nicht mit unserem Bild von ‹guten› Eltern vereinbaren. So bleibt die ‹Kammerjungfer› im Verborgenen, und wir sind in der Lage, unser ‹königliches› Selbstbild aufrechtzuerhalten.

Die alte Königin im Märchen hat es wohl geschafft, all diese frustrierenden Situationen auszuklammern und Enttäuschungen von ihrer Tochter fernzuhalten. Allerdings mit dem Ergebnis, daß die Prinzessin mit solchen Situationen nicht fertig wird und bei der ersten Gelegenheit kapitulieren muß.

Selbst wenn es uns gelingt, solche Gefühle von unseren Kindern fernzuhalten, werden sie ihnen früher oder später doch bei anderen Menschen oder auch bei sich selbst begegnen. Sind sie so wenig darauf vorbereitet wie die Prinzessin, kann das für sie zu einem Schock führen, der ihr ganzes Weltbild zusammenbrechen läßt.

Die Königstochter in unserem Märchen muß sich so abrupt und radikal umstellen, daß sie eine lange Zeit des Leidens und der Verunsicherung durchstehen muß, um endlich den Platz im Leben zu finden, der ihr angemessen ist. Sie hat zu Hause nicht gelernt, mit Ansprüchen und Herausforderungen umzugehen und muß es nun mühsam nachholen, sie ist verwöhnt.

In diesem Sinne verwöhnen wir unsere Kinder, wenn wir zu lange ausschließlich auf ihre Bedürfnisse eingehen und unsere eigenen in den Hintergrund stellen. Wir spielen ihnen dann die Rolle der ‹guten› Mutter vor, die für sich selber völlig anspruchslos ist, während hinter dieser Fassade Aggression und Enttäuschung rumoren und das Leiden darüber, eigene Lebensentwürfe nicht realisieren zu können.

Viele Eltern klagen, ihre Kinder seien zu verwöhnt, fördern diesen Zustand aber gleichzeitig durch ihr eigenes Verhalten. Als entschuldigende Erklärung wird oft angeführt, wir lebten nun einmal in einer Überflußgesellschaft, die den Kindern alle Bedürfnisse erfülle und alle Wege ebne.

Es geht aber nicht darum, unseren Kindern irgendetwas zu verweigern: Wir sollen und dürfen als Eltern liebevolle Königin sein, die ihrem Kind alles mit auf den Weg gibt, was ihr gut und wertvoll erscheint. Viel eher geht es darum, auch etwas von den Kindern zu verlangen. Nicht umsonst gibt die Königin ihrer Tochter diese Kammerjungfer mit, und nur diese Kammerjungfer – kein königliches Gefolge, wie es sonst wohl üblich wäre. Sie weiß, daß ihr Kind nun in eine neue Lebensphase tritt, in der es sich ganz allein behaupten muß.

In dem Bemühen, unseren Kindern jede Frustration und leidvolle Erfahrung in der Auseinandersetzung mit gegensätzlichen Bedürfnissen zu ersparen, nehmen wir ihnen oft die Möglichkeit, überhaupt Erfahrungen zu machen. Als gute Eltern stellen wir lieber unsere Wünsche nach Anerkennung, Selbstbestimmung und Erfolg zurück. Besonders Mütter neigen dazu, ihre Kinder ständig zu bedienen, hinter ihnen herzuräumen, für sie vor- und nachzudenken. Eigene Bedürfnisse nach Rücksichtnahme, Arbeitsteilung in der Familie und selbstbestimmtem Handeln werden dabei weitgehend unterdrückt. Während die Erwartungen an schulische Leistungen der Kinder manchmal viel zu hoch gesteckt sind, tendieren sie im zwischenmenschlichen Bereich oft gegen Null. Damit die Kinder mit den Leistungsanforderungen und der aufwendigen Freizeitgestaltung fertig werden, halten die Eltern ihnen den Rücken frei von anderen, alltäglichen Verrichtungen. Schließlich wollen wir möglichst wenig Druck und Zwang auf unsere Kinder ausüben, und außerdem geht es schneller, wenn wir es selber machen. Aufräumen, saubermachen, waschen, Haustiere versorgen oder Gartenarbeit, Mahlzeiten zubereiten, all das macht einen großen Teil unseres familiären Alltags, unseres Zusammenlebens aus. In diesem Bereich spielt sich Kommunikation, Erziehung zur Selbständigkeit, gegenseitige Hilfe und Rücksichtnahme, aber auch Auseinandersetzung ab. Hier lernen Eltern und Kinder, miteinander zu leben und ihre verschiedenartigen Fähigkeiten und Bedürfnisse zur Geltung zu bringen, immer wieder abzuwägen zwischen Eigeninteresse und Rücksichtnahme, Kompromisse zu finden.

Dies ist ein wichtiger Lernprozeß, der so lange andauert, wie Eltern und Kinder zusammenleben. Jeder Vater und jede Mutter weiß, wie nervenaufreibend es ist, ein Kind mehrmals täglich wegen derselben Kleinigkeit zu ermahnen. – Sind es mehrere Kleinigkeiten und mehrere Kinder, multipliziert sich dieser Vorgang, so daß wir oft die Geduld verlieren und ‹es› dann doch selber wegräumen und -wischen. Das geht schneller und kostet – zunächst einmal – weniger Nerven. Früher oder später allerdings schleicht sich dann bei vielen Eltern ein ungutes Gefühl ein – um mit der Kammerjungfer zu sprechen: ‹ich mag eure Magd nicht sein›. Dieses Gefühl kann sich äußern in Form von Vorwürfen oder Selbstmitleid, im schlimmsten Fall äußert es sich gar nicht, sondern richtet sich in stummem Vorwurf gegen diejenigen, für die wir diese Arbeit tun: Wir empfinden sie als undankbar und egoistisch und fühlen uns ausgenutzt. Wir beginnen, die anfallenden Arbeiten nicht mehr als tägliche Routine zu sehen, die gemeinsam bewältigt werden muß, sondern als Zwänge, die die anderen uns verursachen, und natürlich haben wir in unserer ‹dienenden Rolle› allen Grund den ‹Verursachern› zu grollen. Die ‹Kammerjungfer› in uns gewinnt nun an Macht. Sie möchte auch einmal ihr Leben genießen und nicht immer nur andere bedienen. Sie möchte vorwärtskommen, etwas aus ihrem Leben machen, sich eine anerkannte Stellung verschaffen. Sicher leidet sie darunter, daß ihre bisherige Arbeit gesellschaftlich so gering geschätzt wird, ein Problem, das viele Hausfrauen aus eigener bitterer Erfahrung kennen.

Die Bedürfnisse der Kammerjungfer sind legitim und für jeden nachvollziehbar. Gefährlich wird die Jungfer dadurch, daß sie sich nicht direkt durchsetzen kann. Sie bedient sich indirekter Mittel, der Manipulation, des Zwangs, der Lüge und Verstellung.

Auch Eltern, besonders Mütter, haben oft Skrupel, ihre eigenen, verständlichen Bedürfnisse nach Arbeitserleichterung, Berufstätigkeit, gesellschaftlicher Anerkennung, einem Raum für sich offen anzusprechen und zu verwirklichen. Sie versuchen, ihre ‹Kammerjungferbedürfnisse› zu unterdrücken. Stattdessen und als Kompensation beherrschen sie ihre Mitmenschen, besonders die Kinder, durch ihre negativen Gefühle. Das hat für sie den Vorteil, daß sie in ihrem Selbstbild von der ‹guten› Mutter, die alles für ihre Kinder tut und ihnen nichts abverlangt, verharren, daß sie andererseits durch ihr – ganz reales – Leiden ihre Familie manipulieren und beherrschen kann, indem sie bei anderen ständig das Gefühl hervorruft, Verursacher dieses Leidens zu sein. Mit diesem schlechten Gewissen, der Mutter Unrecht getan zu haben und für deren Glück und Unglück verantwortlich zu sein, müssen unsere Kinder sich oft lange herumschlagen. Es kann ihr Selbstbewußtsein nachhaltig erschüttern, leben sie doch mit dem ständigen Gefühl, versagt zu haben.

Wie lebensbedrohlich solch indirekte Machtansprüche sich auswirken können, sehen wir an der Königstochter im Märchen: Ihr eigenes Selbstwertgefühl ist so schwach, daß sie diesem negativen Erbe ihrer Mutter nichts entgegensetzen kann. Ja sie darf das Thema Macht und Manipulation, das die Mutter so erfolgreich unterdrückte, noch nicht einmal öffentlich ansprechen, sondern muß sich zum Schweigen verpflichten. Sie muß die Kammerjungfer Königin nennen und hilft dadurch mit, deren falsches Selbstbild zu zementieren.

Machen wir uns noch einmal klar, daß dies ein Problem ist, mit dem wir oft die Beziehungen zu unseren Kindern belasten: Aus dem Bemühen heraus, ‹gute› Eltern im Sinne des oben beschriebenen Ideals zu sein, unterdrücken wir viele Gefühle und Bedürfnisse in uns, die eigentlich für uns und unsere Kinder entwicklungsfördernd sein könnten. Die Folge ist, daß wir zwar unser ‹gutes› Selbstbild aufrechterhalten können, dafür aber uns selbst und unsere Kinder zwingen, mit einer Lüge zu leben. Fast alle Kinder kennen dieses Gefühl, ihre Eltern schonen zu müssen, ihnen nicht die Wahrheit sagen zu dürfen, sie nicht kritisieren zu können. Sie müßten Angst haben, damit das Idealbild, das die Eltern von sich selbst haben, zu zerstören. Daß sie einerseits, wie niemand sonst, die unterdrückten Gefühle und Bedürfnisse der Eltern spüren und erkennen, andererseits mit diesem Tabu leben müssen, kann, wie bei unserer Prinzessin, zu einer tiefen Verunsicherung führen.

Da keine offene Auseinandersetzung stattfinden kann, bleibt der Königstochter nur der Rückzug auf die Gänsewiese. Dort, mit einer ganz neuen und eigenen Aufgabe, und in der Auseinandersetzung mit Kürdchen, findet sie zu ihren eigenen inneren Kräften. Die Hilfe, die ihr dabei indirekt von Kürdchen und dem alten König zukommt, ist männlicher Art und zeigt, daß sie sich nun von der Mutter weg und dem anderen Geschlecht wie auch ihren eigenen männlichen Kräften zuwenden kann.

Wir sehen in diesem Märchen, welch fatale Folgen die Verleugnung unserer aggressiven, selbstbestimmten Seiten für unsere Kinder haben kann, wie diese andererseits gerade in der Auseinandersetzung mit solchen Seiten sich ablösen und ihren eigenen Weg finden können. Angst vor Konflikten, dem Vertreten unserer eigenen Bedürfnisse ist oft der Grund für diese Verleugnung, die wir im Nachhinein gern pädagogisch ummanteln.

Wie können wir Eltern umlernen?

Wir müssen dazu unsere ‹Faladastimme› finden, die uns immer wieder daran erinnert, wer wir sind und wo wir hinwollen. Jeder Mensch hat, oft schon in jungen Jahren, bestimmte Vorstellungen davon, was er im Leben erreichen, welchen Platz er einnehmen will. Diese Vorstellungen erfahren im Laufe der Zeit immer wieder Veränderungen und Korrekturen, sie sind mehr oder weniger konkret, aber sie haben immer etwas mit unseren Träumen und unserem Bild von uns selbst zu tun. Die Falladastimme kann eine Traumstimme sein, eine Rückbesinnung auf das, was wir schon immer wollten. Wir können ihr aber auch begegnen, wenn wir für Entwicklungen offen sind, die uns plötzlich ganz neue Möglichkeiten eröffnen. Auf die Falladastimme hören, kann auch heißen, beharrlich, Schritt für Schritt, einem einmal gesteckten Ziel näherzurücken. Das genaue Hinhören kann uns helfen, unsere eigenen Bedürfnisse nach Anerkennung, Einfluß, einer befriedigenden Arbeit wahr- und ernstzunehmen. Der zweite Schritt ist dann, unsere Kräfte zu mobilisieren wie die Prinzessin auf der Gänsewiese, um die Stellung zu erreichen, die wir uns wünschen und die uns zusteht.

Hans mein Igel
Wie sehr wir uns ver-wünschen können

Es war ein reicher Bauer, der hatte mit seiner Frau keine Kinder; öfters, wenn er mit den andern Bauern in die Stadt ging, spotteten sie ihn und fragten, warum er keine Kinder hätte. Da ward er einmal zornig und als er nach Haus kam, sprach er: «ich will ein Kind haben und sollt's ein Igel seyn.» Da kriegte seine Frau ein Kind, das war oben ein Igel und unten ein Junge, und als sie das Kind sah, erschrack sie und sprach: «siehst du, du hast uns verwünscht!» Da sprach der Mann: «was kann das alles helfen, getauft muß der Junge werden, aber wir können keinen Gevatter dazu nehmen.» Die Frau sprach: «wir können ihn auch nicht anders taufen als *Hans mein Igel.*» Als er getauft war, sagte der Pfarrer: «der kann wegen seiner Stacheln in kein ordentlich Bett kommen.» Da ward hinter dem Ofen ein wenig Stroh zurecht gemacht und Hans mein Igel darauf gelegt. Er konnte auch an der Mutter nicht trinken, denn er hätte sie mit seinen Stacheln gestochen. So lag er da hinter dem Ofen acht Jahre und sein Vater war ihn müde, und dachte, wenn er nur stürbe; aber er starb nicht, sondern blieb da liegen. Nun trug es sich zu, daß in der Stadt ein Markt war und der Bauer wollte darauf gehen, da fragte er seine Frau, was er ihr sollte mitbringen. «Ein wenig Fleisch und ein paar Wecke, was zum Haushalt gehört», sprach sie. Darauf fragte er die Magd, die wollte ein paar Toffeln und Zwickelstrümpfe, endlich sagte er auch: «Hans mein Igel, was willst du denn haben?» – «Väterchen, sprach er, bring mir doch einen Dudelsack mit.» Wie nun der Bauer wieder nach Haus kam, gab er der Frau, was er ihr mitgebracht hatte, Fleisch und Wecke, dann gab er der Magd die Toffeln und die Zwickelstrümpfe, endlich ging er hinter den Ofen und gab dem Hans mein Igel den Dudelsack. Und wie Hans mein Igel den hatte, sprach er: «Väterchen, geht doch vor die Schmiede und laßt mir meinen Göckelhahn beschlagen, dann will ich fortreiten und will nimmermehr wiederkommen.» Da war der Vater froh, daß er ihn loswerden sollte, und ließ ihm den Hahn beschlagen und als er fertig war, setzte sich Hans mein Igel darauf, ritt fort, nahm auch Schweine und Esel mit, die wollt' er draußen im Walde hüten. Im Wald aber mußte der Hahn mit ihm auf einen hohen Baum fliegen, da saß er und hütete die Esel und Schweine, und saß lange Jahre bis die Heerde ganz groß war, und wußte sein Vater nichts von ihm. Wenn er aber auf dem Baum saß, blies er seinen Dudelsack und machte Musik, die war sehr schön. Einmal kam ein König vorbeigefahren, der hatte sich verirrt und hörte die Musik; da verwunderte er sich darüber und schickte seinen Bedienten hin, er sollte sich einmal umgucken, wo die Musik herkäme. Der guckte sich um, sah aber nichts, als ein kleines Thier auf dem Baum oben sitzen, das war wie ein Göckelhahn, auf dem ein Igel saß und machte die Musik. Da sprach der König zum Bedienten, er sollte fragen, warum es da säße und ob es nicht wüßte, wo der Weg in sein Königreich ging. Da stieg Hans mein Igel vom Baum und sprach, er wollte den Weg zeigen, wenn der König ihm wollte verschreiben und versprechen, was ihm zuerst begegnete am königlichen Hofe, wenn er nach Haus käme. Da dachte der König, das kannst du leicht thun, Hans mein Igel versteht's doch nicht und kannst schreiben was du willst. Da nahm der König Feder und Tinte und schrieb etwas auf und als es geschrieben war, zeigte Hans mein Igel ihm den Weg und er kam glücklich nach Haus. Seine Tochter aber, wie sie ihn von weitem sah, war so voll Freuden, daß sie ihm entgegen ging und ihn küßte. Er gedachte an Hans mein Igel und erzählte ihr, wie es ihm gegangen wäre, und daß er an ein wunderliches Thier, das auf einem Hahn geritten und schöne Musik gemacht, hätte verschreiben sollen, was ihm daheim zuerst begegnen würde; er hätte aber geschrieben, es sollt's nicht haben, denn Hans mein Igel könnt es doch nicht lesen. Darüber war die Prinzessin froh und sagte, das wäre gut, denn sie wäre doch nimmermehr hingegangen.

Hans mein Igel aber hütete die Esel und Schweine, war immer lustig und saß auf dem Baum und blies auf seinem Dudelsack. Nun geschah es, daß ein anderer König gefahren kam und mit seinen Bedienten und Laufern und hatte sich verirrt und wußte nicht wieder nach Haus zu kommen, weil der Wald so groß war. Da hörte er gleichfalls die schöne Musik von weitem und sprach zu seinem Laufer, was das wohl wäre, er sollt' einmal zusehen, woher es kömmt. Da ging der Laufer hin unter den Baum und sah den Göckelhahn sitzen und Hans mein Igel obendrauf. Der Laufer fragte ihn, was er da oben vorhätte. «Ich hüte meine Esel und Schweine: was ist euer Begehren?» Der Laufer sagte, sie hätten sich verirrt und könnten nicht wieder in's Königreich, ob er ihnen den Weg nicht zeigen wollte. Da stieg Hans mein Igel mit dem Hahn vom Baum herunter und sagte zu dem alten König, er wollt' ihm den Weg zeigen, wenn er ihm zu eigen geben wollte, was ihm zu Haus vor seinem königlichen Schlosse das erste begegnen würde. Der König sagte ja und unterschrieb sich dem Hans mein Igel, er sollt' es haben. Als das geschehen war, ritt er auf dem Göckelhahn voraus und zeigte ihm den Weg und gelangte er glücklich wieder in sein Königreich. Wie er auf den Hof kam, war große Freude darüber; nun hatte er eine einzige Tochter, die war sehr schön, die kam ihm entgegen, fiel ihm um den Hals und küßte ihn und freute sich, daß ihr alter Vater wieder kam. Sie fragte ihn auch, wo er so lang in der Welt gewesen wäre, da erzählte er ihr, er hätte sich verirrt und wär' beinahe gar nicht wieder gekommen, aber als er durch einen großen Wald gefahren, hätte einer halb wie ein Igel, halb wie ein Mensch, rittlings auf einem Hahn in einem hohen Baum gesessen und schöne Musik gemacht, der hätte ihm fortgeholfen und den Weg gezeigt, dafür aber er ihm versprochen, was ihm am königlichen Hofe zuerst begegnete, und das wäre sie und das thäte ihm nun so leid. Da versprach sie ihm aber, sie wollte gern mit ihm gehen, wenn er käme, ihrem alten Vater zu Liebe.

Hans mein Igel aber hütete seine Schweine und die Schweine bekamen wieder Schweine und diese wieder und wurden ihrer so viel, daß der ganze Wald voll war. Da ließ Hans mein Igel seinem Vater sagen, sie sollten alle Ställe im Dorf ledig machen und räumen, er käme mit einer so großen Heerde Schweine, daß jeder schlachten sollte, der nur schlachten könnte. Da war sein Vater betrübt, als er das hörte, denn er dachte, Hans mein Igel wäre schon lang' gestorben. Hans mein Igel aber setzte sich auf seinen Göckelhahn, trieb die Schweine vor sich her in's Dorf und ließ schlachten: hu! da war ein Gemetzel und ein Hacken, daß man's zwei Stunden weit hören konnte. Darnach sagte Hans mein Igel: «Väterchen, laß mir meinen Göckelhahn noch einmal vor der Schmiede beschlagen, dann reit' ich fort und komm' mein Lebtag nicht wieder.» Da ließ der Vater den Göckelhahn beschlagen und war froh, daß Hans mein Igel nicht wieder kommen wollte.

Hans mein Igel ritt fort in das erste Königreich, da hatte der König befohlen, wenn einer käme auf einem Hahn geritten und hätte einen Dudelsack bei sich, dann sollten alle auf ihn schießen, hauen und stechen, damit er nicht in's Schloß käme. Als nun Hans mein Igel daher geritten kam, drangen sie mit den Bajonetten auf ihn ein, er aber gab dem Hahn die Sporen, flog auf, über das Thor hin vor des Königs Fenster, setzte sich da und rief ihm zu: «sollt' ihm geben, was er versprochen hätte, sonst so wollt' er ihm und seiner Tochter das Leben nehmen.» Da gab der König der Prinzessin gute Worte, sie möchte zu ihm hinaus gehen, damit sie ihm und sich das Leben rettete. Da zog sie sich weiß an und ihr Vater gab ihr einen Wagen mit sechs Pferden und herrliche Bedienten, Geld und Gut; sie setzte sich ein und Hans mein Igel mit seinem Hahn und Dudelsack neben sie, dann nahmen sie Abschied und zogen fort und der König dachte, er kriegte sie nicht wieder zu sehen. Es ging aber anders als er dachte, denn als sie ein Stück Wegs von der Stadt waren, da zog sie Hans mein Igel aus und stach sie mit seiner Igelhaut bis sie ganz blutig war, sagte: «das ist der Lohn für eure Falschheit, geh' hin, ich will dich nicht», und jagte sie damit nach Haus und war sie beschimpft ihr Lebtag.

Hans mein Igel aber ritt weiter auf seinem Göckelhahn und mit seinem Dudelsack nach dem zweiten Königreich, wo er dem König auch den Weg gezeigt hatte. Der aber hatte bestellt, wenn einer käm', wie Hans mein Igel, sollten sie das Gewehr vor ihm präsentiren, ihn frei hereinführen, Victoria rufen und ihn ins königliche Schloß bringen. Wie ihn nun die Prinzessin sah, war sie erschrocken, weil er doch gar so wunderlich aussah, sie dachte aber, es wäre nicht anders, sie hätte es ihrem Vater versprochen. Da ward Hans mein Igel von ihr bewillkommt, mußte mit an die königliche Tafel gehen und sie setzte sich zu seiner Seite und sie aßen und tranken. Wie's nun Abend ward, daß sie wollten schlafen gehen, da fürchtete sie sich sehr vor seinen Stacheln, er aber sprach, sie sollte sich nicht fürchten, es geschähe ihr kein Leid, und sagte zu dem alten König, er sollte vier Mann bestellen, die sollten wachen vor der Kammerthüre und ein großes Feuer anmachen, und wann er in die Kammer eingehe und sich in's Bett legen wolle, würde er aus seiner Igelshaut herauskriechen und sie vor dem Bett liegen lassen; dann sollten die Männer hurtig herbeispringen, und sie in's

Feuer werfen, auch dabei bleiben, bis sie vom Feuer verzehrt wäre. Wie die Glocke nun elfe schlug, da ging er in die Kammer und streifte die Igelshaut ab, und ließ sie vor dem Bett liegen, da kamen die Männer und holten sie geschwind und warfen sie ins Feuer, und als sie das Feuer verzehrt hatte, da war er erlöst und lag da im Bett ganz als ein Mensch gestaltet, aber er war kohlschwarz wie gebrannt. Der König schickte zu seinem Arzt, der wusch ihn mit guten Salben und balsamirte ihn, da ward er weiß und war ein schöner junger Herr. Wie das die Prinzessin sah, war sie froh, und sie stiegen auf mit Freuden, aßen und tranken und ward die Vermählung gehalten, und Hans mein Igel bekam das Königreich von dem alten König.

Wie etliche Jahre herum waren, fuhr er mit seiner Gemahlin zu seinem Vater und sagte, er wäre sein Sohn, der Vater aber sprach, er hätte keinen, er hätte nur einen gehabt, der wär' aber wie ein Igel mit Stacheln geboren worden und in die Welt gegangen. Da gab er sich zu erkennen, und der alte Vater freute sich und ging mit ihm in sein Königreich.

***

Wie nachhaltig Eltern durch ihre ausgesprochenen oder unausgesprochenen Wünsche und Bedürfnisse das Leben ihrer Kinder beeinflussen, zeigt uns besonders eindrücklich das Märchen ‹Hans mein Igel›.

Der Bauer und die Bäuerin wünschen sich ein Kind, sonst haben sie schon alles, was sie zu ihrem Glück brauchen. Dieser Kinderwunsch bleibt lange unerfüllt, so daß die Eheleute schließlich ungeduldig, ja zornig werden. Zornig sicher auch wegen des Spotts, den ihnen die Kinderlosigkeit einbringt. Ein reicher Bauer braucht schließlich einen Erben, und vielleicht zweifeln seine Nachbarn inzwischen auch an seiner Männlichkeit. Sollten er und seine Frau nicht diese natürlichste und einfachste Leistung vollbringen können, nachdem ihnen alles andere im Leben so gut geglückt ist?

Nein, es geht diesem Bauern inzwischen gar nicht mehr nur um seine Sehnsucht nach einem Kind, er muß sich selbst und den anderen etwas beweisen. Er ist mit der Zeit auch auf sich selbst zornig geworden, weil er dieses eine nicht zustande bringt; er ist verunsichert und zweifelt an seinen eigenen Fähigkeiten. Wenn er denn schon kein Kind zeugen kann, so soll es wenigstens ein Igel sein, ruft er aus und meint wohl, das sei besser als gar nichts. Er denkt jetzt nicht mehr an das Kind, auch nicht an seine Frau, nur noch an seine eigene Bestätigung.

Das Kind wird geboren, halb Igel, halb Mensch, und nun merkt der Bauer, daß er dieses Kind überhaupt nicht akzeptieren kann. Er sieht in ihm ständig den lebendiggewordenen Beweis seiner eigenen Unfähigkeit – das kann er nicht ertragen. So muß Hans mein Igel sein Leben unauffällig hinter dem Ofen verbringen, wird nur mit dem Nötigsten versorgt, und sein Vater wünscht ihm den Tod. Auf diese Weise verbringt er seine Jugend.

Eine unwahrscheinliche Geschichte? Durchaus nicht.

Kinder gehören für die meisten Menschen zu einem vollständigen, ‹runden› Leben. Kinder gelten als Hoffnungsträger, sie bergen in sich neue Lebensmöglichkeiten, selbst in einer Welt, die zunehmend lebensfeindlicher wird. Wir wünschen uns Kinder als Erben im weitesten Sinne, Erben unserer geistigen und materiellen Werte, als Schutz gegen Einsamkeit, als Menschen, die unserem Leben einen Sinn geben können.

Vielleicht geht es uns wie dem Bauern im Märchen: Wir haben alles, was zum Leben dazugehört, einen Beruf, ein Haus, ausreichend Geld, alles ist vorbereitet und wartet nun darauf, ausgefüllt und genutzt zu werden. Nun stellen wir uns nur noch das passende Kind dazu vor. Wir wünschen es uns, um mit ihm ein Leben in Harmonie und Glück zu führen, es ist das I-Tüpfelchen, das noch fehlt.

Das Kind, das wir dann bekommen, ist ganz anders: Es ist vielleicht nicht so hübsch, wie wir erwartet hatten, vielleicht nicht so gesund, nicht so ruhig, nicht so klug, und es gliedert sich überhaupt nicht harmonisch in unseren Alltag ein, sondern bringt unser bisheriges Leben völlig durcheinander. Es fügt sich nicht unseren Wünschen, sondern wir müssen uns seinen fügen, so daß wir es durchaus als widerborstig und stachelig empfinden können.

Je festgefügter unsere Vorstellungen von dem Kind und unserem Leben mit ihm waren, desto größer muß unsere Ernüchterung sein. Das kann im Extremfall zu einer völligen Ablehnung des Kindes führen wie in unserem Märchen.

Wir finden hier in sehr plastischen und drastischen Bildern ein Problem geschildert, das ansatzweise alle Eltern kennen und das sich nicht nur auf das Verhältnis zwischen Eltern und Kindern bezieht: kann ich meinen Mitmenschen annehmen? Und wenn nicht, was hindert mich daran? Wir neigen dazu, uns vorzustellen, es seien die Fehler und Schwächen des anderen, die es uns schwer oder unmöglich machen, ihn zu akzeptieren. Das Märchen aber verrät uns etwas anderes:

Es sind unsere eigenen Vorstellungen und – unbewußten – Wünsche, die unser Verhältnis zu unseren Kindern prägen und uns oftmals daran hindern, sie so zu sehen und anzunehmen, wie sie sind.

Wir sahen, daß es dem Bauern hier in unserem Märchen letztendlich gar nicht um das Kind ging, sondern um die Befriedigung seiner eigenen Bedürfnisse. Das Kind, mit einer Stachelhaut geboren, spürt von Anfang an die Ablehnung seines Vaters und schützt sich dagegen, zieht sich zurück. Die Bauersfrau sagt bezeichnenderweise zu ihrem Mann: «Siehst du, du hast uns verwünscht.» Der Bauer hat sich ver-wünscht, er hat sich das Falsche gewünscht, nämlich ein

Kind um jeden Preis, um seine eigenen Lebensvorstellungen zu verwirklichen. Den Preis aber muß das Kind zahlen. Es wird den Rest seines Lebens um die ihm vorenthaltene Liebe und Anerkennung kämpfen müssen, und wir können uns vorstellen, wie ihm dabei zumute ist.

Es fällt uns schwer, uns mit diesem herzlosen, egoistischen Vater zu identifizieren, und doch müssen alle Eltern eingestehen, daß ein Fünkchen Wahrheit in der Geschichte steckt.

Es gibt wohl keine Mutter und keinen Vater, die nicht mehr oder weniger konkrete Vorstellungen von ihrem zu erwartenden Kind haben, denn jeder von uns macht sich ein ganz bestimmtes und unterschiedliches Bild von Kindern. Diese Vorstellungen sind geprägt von eigenen kindlichen Erfahrungen, vom Umgang mit anderen Kindern und von unseren Erwartungen an ein Leben mit Kindern. Das einzige, was Eltern nicht berücksichtigen können, ist das Kind selbst, das ja noch nicht geboren ist. Das ist einer der Gründe, warum mit der Geburt des Kindes für alle Eltern eine Zeit der Umstellung beginnt. Der Umstellung nicht nur auf einen neuen Lebensrhythmus, sondern auf einen neuen Menschen. Wir müssen Korrekturarbeiten in uns selbst vornehmen: Alle unsere früheren Vorstellungen und Wünsche, die das Leben mit Kindern betreffen, müssen nun an dieses spezielle Kind angepaßt werden. Und zwar bei jedem Kind neu.

Das ist eine Aufgabe, die uns viel Offenheit und Flexibilität abverlangt, und die sich um so schwieriger gestaltet, je festgefügter unsere Erwartungen waren. Schwierig deswegen, weil wir einen Teil unserer Erwartungen und alten Gewohnheiten aufgeben müssen, vor allem anderen die Vorstellung, unser Kind sei zur Erfüllung unserer eigenen unerfüllten Wünsche nach Liebe, Anerkennung, Erfolg geboren. Diesen Wünschen kann das Kind nicht entsprechen, es ist damit überfordert. Es fühlt sich nicht um seiner selbst willen geliebt, wenn es sich genötigt sieht, eine Rolle zu spielen, sich in das fertige und festgefügte Welt- und Wunschbild der Eltern einzupassen. Das ist deswegen so bedrohlich für ein Kind, weil es ihm keinen eigenen Entwicklungsspielraum läßt.

So stagniert auch Hans mein Igel jahrelang in seiner Abwehrhaltung hinter dem Ofen. Er war nicht um seiner selbst willen er-wünscht, sondern um bestimmte Bedürfnisse seiner Eltern zu befriedigen. – Wahrscheinlich aus diesem Grunde bin ich gegenüber dem Wort ‹Wunschkind› in Geburtsanzeigen so mißtrauisch: Welche Wünsche der Eltern soll dieses Kind erfüllen?

Es wäre für alle Eltern nützlich, sich allein, mit Partnern, Freunden oder auch therapeutischer Hilfe über ihre eigenen unbewußten Erwartungen an ihre Kinder Klarheit zu verschaffen. Es gibt in jeder Eltern-Kind-Beziehung immer wiederkehrende Situationen, in denen wir uns enttäuscht, frustriert, verbittert fühlen. Diese näher zu beleuchten, lohnt sich. Der Bauer in unserem Märchen kann das nicht, und daraus entsteht seine und des Kindes Leidensgeschichte. Wir aber können uns fragen, wenn wir zum hundertsten Mal die gleiche Auseinandersetzung mit unserem Kind über Kleidung, Essen, Benehmen, Leistungserfolge und ähnlichem gehabt haben und uns unglücklich und enttäuscht fühlen: Welche Wünsche habe ich an mein Kind, die es nicht erfüllen kann oder will? Soll es etwas Bestimmtes anziehen, damit es meinem Schönheitsideal entspricht, damit ich über mein Kind bewundert werde? Habe ich Vorstellungen von seinem Leistungsvermögen, die gar nicht seinen Fähigkeiten entsprechen, muß mein Kind meinen eigenen Ehrgeiz befriedigen? Warum ärgert es mich immer wieder, wenn mein Kind gutgemeinte Angebote von meiner Seite ablehnt und sich für andere Sachen interessiert als ich? Inwieweit brauche ich Bestätigung und Dankbarkeit von ihm?

Wie kommt es, daß die Entwicklung von Hans mein Igel doch weitergeht? Auch dabei spielt der Vater eine entscheidende, diesmal entwicklungsfördernde Rolle. Er fragt nämlich seinen Sohn, was er ihm vom Markt mitbringen soll. Zum ersten Mal interessiert er sich, vielleicht nur pro forma, für die Bedürfnisse seines Sohnes, und Hans darf einen eigenen Wunsch äußern. Er bekommt seinen Dudelsack, und das ist seine Rettung. Hier hat er ein Instrument in der Hand, mit dessen Hilfe er sich und seine Gefühle endlich ausdrücken kann – im Wald beim Tierehüten, nicht zu Hause –, und wir wundern uns, daß er schöne Musik macht und keine traurige. Doch er hat nun eine Aufgabe, das Tierehüten, und das gibt seinem Leben endlich einen Sinn. Das Märchen berichtet, daß er immer lustig gewesen sei. Er hat wohl einen ganz bestimmten Plan verfolgt und war deswegen so guten Mutes. Die anscheinend zufälligen Begegnungen mit den Königen im Walde weiß Hans mein Igel zu seinen Gunsten zu gestalten. Er ist vorausschauend, wenn nicht sogar berechnend. Hinter seiner Lustigkeit steckt eine ungeheure Wut und Aggression. So geht es ihm beim Tierehüten gar nicht um das Hüten, sondern um das Schlachten: Mit einer riesigen Schweineherde kommt er schließlich zurück ins Dorf seines Vaters «... und ließ schlachten; hu! da war ein Gemetzel und ein Hacken, daß man's zwei Stunden weit hören konnte.» Hans möchte seinem Vater endlich zeigen, was für ein Kerl er ist. Aber noch immer läßt sich der Vater nicht beeindrucken, sondern möchte ihn loswerden. Einen Schweinehirten als Sohn kann er genausowenig akzeptieren wie einen Igel.

Daß es Hansens wundesten Punkt trifft, wenn er abgelehnt wird, können wir verstehen. Als der erste König ihn nun, nach der erneuten Enttäuschung mit seinem Vater, auch nicht haben will und ihn mit Bajonetten empfängt, wachsen ihm vor Wut buchstäblich (Hahnen)flügel, und er holt sich sein Recht, die Prinzessin, mit Gewalt.

Selbst ohne Liebe aufgewachsen, ist er völlig liebesunfähig, und die Begegnung mit der Prinzessin endet in einer Vergewaltigung.

Erst im zweiten Königreich, wo Hans zum erstenmal in seinem Leben freiwillig angenommen wird, kann er erlöst werden, und nun kann auch die Versöhnung mit dem Vater stattfinden.

Der Vater und Hans, beide haben in diesem Märchen Glück gehabt. Hans hat sich nach langem inneren Leiden eine Position erkämpft, in der er ein glücklicher Mensch sein kann, und der Vater ist schließlich in der Lage, ihn zu akzeptieren und sich an seinem Sohn zu freuen. So kann uns dieses Märchen Mut machen, daß auch eine schwierige Eltern-Kind-Beziehung zu einer guten Lösung gelangen kann.

In der Realität gelingt das nicht immer. Hier werden oft gegenseitige Enttäuschung und Verbitterung über Jahre hinweg kultiviert. Wollen wir uns solche Erfahrungen ersparen, brauchen wir ein gehöriges Maß an Selbsterkenntnis und die Fähigkeit, bei unseren Wünschen und Erwartungen an andere auch deren Realität zu berücksichtigen.

Kehren wir noch einmal zum Vater im Märchen zurück. Im Gegensatz zu anderen Märchen spielt er bis zum Ende eine Rolle, taucht immer wieder in der Geschichte auf, und zum Schluß wechselt er sogar von seinem Bauernhof ins Königsschloß über. Es hat also auch mit ihm eine Entwicklung stattgefunden, und für uns Eltern kann interessant sein, wie diese sich vollzogen hat. Wir betrachten daher im folgenden den Vater als Hauptfigur und die anderen Personen im Märchen als Darsteller seines ‹Innenlebens›.

Der Mann, der uns hier vorgestellt wird, ist Bauer. Wie der König im Märchen ein Symbol für Vollkommenheit und Weisheit sein kann, solange er seine Macht nicht mißbraucht, so deutet der Bauer auf den materiellen Bereich hin. Seine Bearbeitung der Erde fördert Fruchtbarkeit,[52] birgt aber auch die Gefahr für ihn, sich im Irdisch-Materiellen zu verausgaben und steckenzubleiben. Dieser Gefahr erliegt unser Mann auch, wie fast alle reichen Bauern in Märchen. Er häuft materielle Güter an und vernachlässigt dabei sein geistiges und seelisches Wachstum. Das kommt auch zum Ausdruck in der untergeordneten Rolle, die die Frau in diesem Märchen spielt. Die Frau als der Teil in ihm, der seine Seelenkräfte repräsentiert, ist zur bloßen Befehlsempfängerin degradiert: «... da sprach er ‹ich will ein Kind haben, und sollt's ein Igel sein.› Da kriegte seine Frau ein Kind, das war oben ein Igel und unten ein Junge ...» Sein weiblicher Teil ist verkümmert und damit alles, was wir mit positiven weiblichen Kräften verbinden wie Einfühlungsvermögen, Liebesfähigkeit. Darum ist die Frau hier als schwach und unbedeutend dargestellt. Sie kann zwar noch erkennen, daß sie verwünscht ist ‹du hast uns(!) verwünscht›, aber weiter läßt der Mann seine innere Stimme nicht zu Wort kommen. So ist es nicht verwunderlich, daß er mit seinen schwachen inneren Kräften keine neue, lebendige Entwicklung in Gang setzen – kein Kind zeugen kann. Was in ihm entsteht ist ein halber Mensch, unten Mensch oben Tier. Als Mensch steht und geht es auf richtigen Beinen, hat auch menschliche Triebe, die obere Hälfte aber, Kopf und Herz, sind tierisch. Geist und Seele sind nicht menschlich ausgebildet.

Hans ist das Abbild von seines Vaters Mangel. Dieser hat zwar schon einmal einen Blick darauf geworfen, kann es aber nicht ertragen, ständig damit konfrontiert zu werden, und verbannt ihn in die dunkelste Ecke seines Inneren, hinter den Ofen. Erst nach langer Zeit traut sich der Mann, das Wesen zu fragen: Was willst du von mir? und ihm dann, entsprechend seinem Wunsch, eine Stimme zu geben. Es ist noch keine menschliche Stimme, sondern ein Hilfsmittel, ein Instrument, aber von nun an kann das Wesen auf sich aufmerksam machen, sich ausdrücken. Und: es zieht in den Wald, in diesen Bereich, wo die Triebe und Kräfte aus dem

Unbewußten uns gefährlich werden können, aber auch neue Entwicklungswege sich zeigen. Diese Wege kann der Mann noch nicht beschreiten; seine unentwickelte Seite – Hans mein Igel – muß sich zunächst einen Ueberblick verschaffen. Das tut dieser, indem er auf einen Baum fliegt und von dort die Schweine und Esel hütet und beobachtet. Beide Tierarten gelten als sehr triebhaft und werden seit alters her Göttern zugeordnet als Opfer und Reittiere. Andererseits verkörpern Schweine auch das Schmutzige, Sündige im Menschen, und der Esel trägt mit Jesus die Sündenlast der Welt.[53] Aus dieser totalen Erdverbundenheit, deren negative Seite das Suhlen im Schmutz ist, löst sich nun zum ersten Mal ein Teil und begibt sich auf eine höhere Ebene. Der Hahn trägt ihn hinauf. Auch er ist ein alter Götterbegleiter, er verkündet den Morgen und ist deshalb ein Sinnbild des Aufbruchs und des Sieges.[54] Der Hahn ist beschlagen, das deutet auf seine kriegerische Natur: Während alle anderen Bereiche dieses Mannes in dumpfer Stagnation verharren, schwingt sich allein die Stimme der Aggression auf eine Ebene, auf der sie sich äußern kann.

Eine gewaltige Arbeit muß hier von unserem Mann geleistet werden: Der alte Mensch, vormals als Bauer so reich, mächtig und starrsinnig, lernt eine neue Seite in sich kennen, die sich aus dieser Erstarrung hinausbewegen will.

Verkörpert durch Hans ist sie zunächst als Wut, Aggression erkennbar. In der Begegnung mit dieser ‹Hanskraft› liegt aber der Anfang einer positiven Entwicklung. Der Mann kann sich nun schon als König, nicht mehr als Bauer sehen, aber als ein König, der sein Königreich verloren, sich tief im Wald verirrt hat. Zum ersten Mal hört er auf Hansens Stimme und befolgt seinen Rat, aber noch achtet er diese Stimme gering und glaubt, er könne auf ihre dauernde Anwesenheit verzichten. – Das kann er nicht, zum zweiten Mal verirrt er sich, und nun muß er Hans ernst nehmen, er spürt wohl, daß er ohne diese innere Führung hilflos ist. Er nimmt also Hilfe an und lernt ihren Wert schätzen, aber es gibt immer wieder Rückschläge: Hans ist nicht nur der Hahnenreiter, der Kämpferische, Vorausschauende, er ist auch der Schweinehirt, der Hüter der schmutzigen, niederen Triebe. Diese müssen zuerst integriert und vermenschlicht werden, das heißt, die alte Form muß geopfert und integrierbar – eßbar – gemacht werden.

Ist dies geschehen, so kann Hans – in zwei Schritten – in sein Königreich einziehen. Das erste ist noch nicht das richtige; noch ist der alte König, das alte Ich, der Meinung, er brauche dieser inneren Stimme keinen Platz in seinem Königreich einzuräumen. Diese ist aber inzwischen soweit erstarkt, daß sie sich Gehör verschaffen kann, die alte Abwehrhaltung wird durchbrochen, und jetzt kann das wahre Königreich in Besitz genommen werden: Das alte Selbst erkennt die Führungsrolle seiner einst so verachteten inneren Kraft, es wird ihm möglich, sie anzunehmen und zu lieben, und dadurch verliert sie ihre häßliche, stachelige aggressive Gestalt. Auch der weibliche Anteil dieses Mannes, der am Anfang des Märchens vom Männlichen zu einem Schattenleben verurteilt war, ist erstarkt: das alte System hat sich gewandelt.

Der Mann kann nun alle Seiten in sich sehen und mit ihnen umgehen – er kann in sein Schloß einziehen und in seinem Königreich leben. Am Schluß wohnen Hans, sein Vater, der alte König und die Prinzessin gemeinsam im Schloß, ein Bild für die gelungene Integrationsarbeit.

Wenn es Eltern schwer fällt, ihr Kind anzunehmen, liegt der Grund dann, daß sie sich selber nicht so annehmen können, wie sie sind. Wie Hans mein Igel hier im Märchen, führen unsere Kinder uns unsere Schwächen und Mängel vor Augen. Solange wir diese nicht in uns selbst erkennen und verwandeln können, müssen wir sie in unseren Kindern ablehnen und bekämpfen. Dies betrifft mehr oder weniger alle

Eltern, und das ‹Nicht-annehmen-Können› scheint wie ein Fluch, der sich oft über Generationen hinweg fortsetzt. Unser Märchen zeigt uns einen Weg hinaus: dieser Weg ist oft mit innerem Leiden, mit Kämpfen und Rückschlägen verbunden. Das Bild, das wir von uns selbst haben, ist geprägt durch die Verteufelung der Aggression und das realitätsferne Mutter- und Elternideal in der christlichen Kultur. Dies hindert uns sehr erfolgreich daran, unsere Fehler und Schwächen anzuschauen, zu akzeptieren und dadurch zu wandeln. Denn wandeln lassen sich diese dunklen Seiten in uns nicht durch Verleugnung – hinter dem Ofen verstecken – durch Belügen oder Bekämpfen, wie der alte König es versucht, sondern nur dadurch, daß wir unsere ganze Persönlichkeit, diese dunklen Seiten miteingeschlossen, lieben. Nur dann werden wir in der Lage sein, auch unsere Kinder zu lieben und ihre Schwächen und Fehler zu verstehen und zu verzeihen, ohne sie bekämpfen zu müssen. Dies ist der tiefere Sinn des Bibelwortes ‹Liebe deinen Nächsten wie dich selbst›: Es ist eine Aufforderung, zunächst sich selbst zu lieben. Je mehr wir dazu in der Lage sind, desto besser können wir auch andere lieben und akzeptieren. Beide Fähigkeiten – sich selbst und den Nächsten zu lieben – verstärken sich gegenseitig. Viele Eltern, besonders Mütter verstehen dieses Leitwort mißverständlich: Liebe deinen Nächsten *statt* dich selbst. Wir wissen aber schon aus den vorangegangenen Betrachtungen, daß eine so praktizierte Liebe nur Kompensation eigener nichterfüllter Bedürfnisse sein kann und deshalb oft in Frustration, ja Ablehnung umschlägt.

Die Rabe
Wie schnell wir zu Rabenmüttern werden

Es war einmal eine Mutter mit einem Töchterchen, das war noch klein und wurde noch auf dem Arm getragen. Nun geschah es, daß das Kind einmal unruhig war und die Mutter mochte sagen, was sie wollte, es half nicht. Da ward sie ungeduldig und weil die Raben so um das Haus herumflogen, machte sie das Fenster auf und sagte: «ich wollt' du wärst ein Rabe und flögst fort, so hätt' ich Ruh», und kaum hatte sie das Wort gesagt, so war das Kind eine Rabe und flog von ihrem Arm zum Fenster hinaus. Die Rabe aber flog weg und niemand konnte ihr folgen, sie flog aber in einen dunkelen Wald und blieb darin. Auf eine Zeit führte einen Mann sein Weg in diesen Wald und er hörte die Rabe rufen und er ging der Stimme nach; und als er näher kam, sagte die Rabe zu ihm: «ich bin verwünscht worden und bin eine Königstochter von Geburt, du kannst mich erlösen.» Da sprach er: «wie soll ich das anfangen?» Da sagte sie: «geh' hin in das Haus dort, darin sitzt eine alte Frau, die wird dir Essen und Trinken reichen und dich davon genießen heißen, aber du darfst nichts nehmen, denn wenn du trinkst, so trinkst du einen Schlaftrunk und dann kannst du mich nicht erlösen. Im Garten hinter dem Haus ist eine große Lohhucke, darauf sollst du stehen und mich erwarten: den Nachmittag um zwei Uhr komm' ich in einer Kutsche, die ist mit vier weißen Hengsten bespannt, wenn du aber dann nicht wach bist, sondern schläfst, so werd' ich nicht erlöst.» Der Mann sprach, er wollt' alles thun, die Rabe aber sagte: «ach ich weiß es wohl, du kannst mich nicht erlösen, du nimmst doch etwas von der Frau.» Da versprach der Mann noch einmal, er wollte gewiß nichts anrühren von dem Essen und Trinken. Wie er aber in das Haus kam, trat die alte Frau zu ihm und sagte: «ei, was seyd ihr abgemattet, kommt und erquickt euch, esset und trinkt.» «Nein, sagte der Mann, ich will nicht essen und trinken»; sie ließ ihm aber keine Ruhe und sprach: «wenn ihr dann nicht essen wollt, so thut einen Zug aus dem Glas, einmal ist keinmal», bis er sich überreden ließ und einen Trunk nahm. Nachmittags gegen zwei Uhr ging er hinaus in den Garten auf die Lohhucke und wollte auf die Rabe warten; wie er da stand, auf einmal ward er so müd' und wollte sich nicht hinlegen, aber er konnte es gar nicht mehr aushalten, und mußte sich ein Bischen legen; doch wollte er nicht einschlafen, aber kaum hatte er sich gelegt, da fielen ihm die Augen von selber zu und er schlief ein und schlief so fest, daß ihn nichts auf der Welt hätte erwecken können. Um zwei Uhr kam die Rabe mit vier weißen Hengsten gefahren und war schon in voller Trauer und sprach: «ich weiß doch schon, daß er schläft!» Und als sie in den Garten kam, lag er auch da auf der Lohhucke und schlief; und wie sie vor ihm war, stieg sie aus dem Wagen, schüttelte und rief ihn an, er wollte nicht erwachen. Sie rief aber so lang' bis sie ihn endlich aus dem Schlaf erweckte, da sagte sie: «ich sehe wohl, daß du mich hier nicht erlösen kannst, aber Morgen will ich noch einmal wiederkommen, dann habe ich vier braune Hengste vor dem Wagen, aber du darfst bei Leibe nichts nehmen von der Frau, kein Essen und kein Trinken.» Da sagte er: «nein gewiß nicht.» Sie sprach aber: «ach! ich weiß es wohl, du nimmst doch etwas!» Am andern Tag zur Mittagszeit kam die alte Frau und sagte, er äße und tränke ja nichts, was das wäre? Da sprach er: «nein, ich will nicht essen und trinken.» Sie aber stellte das Essen und Trinken vor ihn hin, daß der Geruch zu ihm aufging und beredete ihn, daß er wieder etwas trank. Gegen zwei Uhr ging er in den Garten auf die Lohhucke und wollte auf die Rabe warten, da ward er wieder so müde, daß seine Glieder ihn nicht mehr hielten und er konnte sich nicht helfen, er mußte sich legen und ein Bischen schlafen. Wie nun die Rabe daher fuhr mit vier braunen Hengsten, war sie wieder in voller Trauer und sagte: «ich weiß doch schon, daß er schläft!» Und als sie hin zu ihm kam, lag er da und schlief fest, da stieg sie aus dem Wagen, schüttelte ihn und sucht ihn zu erwecken; das ging aber noch schwerer als gestern, bis er endlich erwachte. Da sprach die Rabe: «ich sehe wohl, daß du mich nicht erlösen kannst, Morgen Nachmittag um zwei Uhr will ich noch einmal kommen, aber das ist das letztemal, meine Hengste sind dann schwarz und ich habe auch alles schwarz; du darfst aber nichts nehmen von der alten Frau, kein Essen und kein Trinken.» Da sagte er: «nein gewiß nicht.» Sie sprach aber: «ach, ich weiß es wohl, du nimmst doch etwas!» Am andern Tag kam die alte Frau und sagte, er äße und tränke ja nichts, was das wäre? Da sprach er: «nein, ich will nicht essen und trinken.» Sie aber sagte, er sollte nur einmal schmecken, wie gut das alles sey, Hungers könnte er doch nicht sterben; da ließ er sich überreden und trank doch wieder etwas. Als es Zeit war, ging er hinaus in den Garten auf die Lohhucke und wartete auf die Prinzessin, da ward er wieder so müde, daß er sich nicht halten konnte und er sich hin legte und schlief so fest, als wär' er von Stein. Um zwei Uhr kam die Rabe und hatte vier schwarze Hengste und die Kutsche und alles war schwarz; sie war aber in voller Trauer und sprach: «ich weiß doch schon, daß er schläft und mich nicht erlösen kann.» Als sie zu ihm kam, lag er da und schlief fest, sie rüttelte ihn und rief ihn, aber sie konnt' ihn nicht aufwecken, er schlief in einem fort. Da legte sie ein Brot neben ihn hin, davon konnte er so viel essen, als er wollte, es wurde nicht all'; dann ein Stück Fleisch, davon konnt' er auch so viel essen, als er wollte, es wurde nicht all'; zum dritten eine Flasche Wein, davon konnt' er trinken, so viel er wollte, es wurde nicht all'. Darnach nahm sie ihren goldenen Ring vom Finger und steckt ihm den an und war ihr Name darein gegraben, und endlich legte sie einen Brief hin, darin stand, was sie ihm gegeben hatte und daß es nie all' würde und es stand auch darin: «ich sehe wohl, daß du mich hier nicht erlösen kannst, willst du mich aber noch erlösen, so komm nach dem goldenen Schloß von Stromberg, da kannst du es, das weiß ich gewiß.» Und wie sie ihm das alles gegeben hatte, setzte sie sich in ihren Wagen und fuhr weg in das goldene Schloß von Stromberg.

Als der Mann aufwachte, und sah, daß er geschlafen hatte, ward er von Herzen traurig und sprach: «gewiß nun ist sie vorbeigefahren und du hast sie nicht erlöst.» Da fielen ihm die Dinge in die Augen, die neben ihm lagen, und er las den Brief, darin geschrieben stand, wie es zugegangen war. Also machte er sich auf und ging fort und wollte nach dem goldenen Schloß von Stromberg, aber er wußte nicht, wo es lag. Nun war er schon lange in der Welt herumgegangen, da kam er in einen dunkeln Wald und ging vierzehn Tage darin fort, und konnte sich nicht heraus finden. Da ward es wieder Abend, und er war so müde, daß er sich an einen Busch legte und einschlief; am andern Tag ging er weiter und wollt' sich am Abend wieder an einen Busch legen, da hört' er ein Heulen und Jammern, daß er nicht einschlafen konnte. Und wie die Zeit kam, wo die Leute die Lichter anstecken, sah er eins schimmern und machte sich auf und ging ihm nach, da kam er vor ein Haus, das schien so klein, denn es stand ein großer Riese davor. Da dacht' er bei sich: «gehst du wohl hinein oder nicht, wenn du's thust, kommst du vielleicht um's Leben, du willst aber doch einmal hineingehen.» Wie er nun drauf zu ging und der Riese ihn sah, sprach er: «es ist gut, daß du kommst, ich habe doch lange nichts gegessen, jetzt will ich dich gleich zum Abendbrot verschlucken.» «Laß das gut seyn, sprach der Mann, wenn du essen willst, so hab' ich was bei mir.» «Wenn das ist, sagte der Riese, so bist du gut.» Da gingen sie beide hinein und setzten sich an den Tisch und der Mann holte sein Brot, Wein und Fleisch, was nicht all' wurde, hervor, und sie aßen sich beide recht satt. Darnach sagte der Mann zum Riesen: «kannst du mir nicht sagen, wo das goldene Schloß von Stromberg ist.» Der Riese sprach: «ich will einmal auf meiner Landkarte nachsehen, darauf sind alle Städte, Dörfer und Häuser.» Da holt' er seine Landkarte, die er in der Stube hatte, und suchte das Schloß, konnte es aber nicht finden; «das thut nichts, sprach er, ich habe oben in einem Schranke noch mehr Landkarten, da will ich einmal sehen, ob es darauf zu finden ist.» Sie sahen zu, konnten's aber nicht finden. Der Mann wollte nun weiter gehen, der Riese aber sprach, er sollte noch ein paar Tage warten, er hätte einen Bruder, der wär' aus und holte was zu essen, wenn der käme, der hätte auch gute Landkarten, da wollten sie noch einmal suchen, der fänd's gewiß. Also wartete der Mann, bis der Bruder nach Haus kam, der sagte, er wüßte es nicht gewiß, er glaubte aber das goldene Schloß von Stromberg stände auf seiner Karte. Da aßen sich die drei noch einmal recht satt und dann ging der zweite Riese hin und sprach; «nun will ich einmal zusehen auf meiner Karte»; allein das Schloß war auch nicht drauf. Da sagt' er, er hätte noch oben eine Kammer voll Landkarten, da müßt' es darauf stehen. Wie er nun die herunter gebracht hatte, suchten sie von neuem und endlich fanden sie das goldene Schloß von Stromberg, aber es war viele tausend Meilen weit weg. «Wie werd' ich nun dahin kommen?» sprach der Mann. «Ei, sagte der Riese, zwei Stunden hab' ich Zeit, da will ich dich bis in die Nähe tragen, dann muß ich aber wieder nach Haus und das Kind säugen, das wir haben.» Da trug der Riese den Mann bis etwa noch hundert Stunden vom Schloß und sagte: «jetzt muß ich zurück, den übrigen Weg kannst du wohl allein gehen.» – «O ja, sagte der Mann, das kann ich wohl.» Wie sie sich nun trennen wollten, sprach der Mann, «wir wollen uns erst recht satt essen»; und darauf nahm der Riese Abschied und ging heim. Der Mann aber ging vorwärts Tag und Nacht, bis er endlich zu dem goldenen Schloß von Stromberg kam. Da stand es aber auf einem gläsernen Berge, und oben darauf sah er die verwünschte Prinzessin fahren; nun wollte er hinauf zu ihr, aber er glitschte immer wieder herunter. Da war er ganz betrübt und sprach zu sich selbst: «am besten ist, du baust dir hier eine Hütte, Essen und Trinken hast du ja.» Also baute er sich eine Hütte und saß darin ein ganzes Jahr und sah die Prinzessin alle Tage oben fahren; konnte aber nicht hinauf zu ihr kommen.

Da hörte er einmal wie drei Riesen sich schlugen, und rief ihnen zu: «Gott sey mit euch!» Sie hielten bei dem Ruf inne, als sie aber niemand sahen, fingen sie wieder an sich zu schlagen und das zwar ganz gefährlich. Da sprach er wieder: «Gott sey mit euch!» sie hörten wieder auf, guckten sich um, weil sie aber niemand sahen, fuhren sie auch wieder fort, sich zu schlagen. Da sprach er zum drittenmal: «Gott sey mit euch!» und dacht', du mußt doch sehen, was die drei vorhaben, ging hin und fragte sie, warum sie so auf einander losschlügen. Da sagte der eine, er hätt' einen Stock gefunden, wenn er damit wider eine Thür schlüge, so spränge sie auf; der andere sagte, er hätte einen Mantel gefunden, wenn er den umhinge, so wär' er unsichtbar; der dritte aber sprach, er hätte ein Pferd gefangen, mit dem könnte man den gläsernen Berg hinaufreiten. Da sprach der Mann: «für die drei Sachen will ich euch etwas geben, Geld habe ich zwar nicht, aber andere Dinge, die noch mehr werth sind; doch muß ich sie vorher probiren, damit ich sehe, ob ihr auch die Wahrheit gesagt habt.» Da ließen sie ihn auf's Pferd sitzen, hingen ihm den Mantel um und gaben ihm den Stock in die Hand, und wie er das alles hatte, konnten sie ihn nicht mehr sehen und er prügelte sie durch und durch, rief: «nun, seyd ihr zufrieden?» und ritt den Berg hinauf. Oben aber vor dem Schloß, das war verschlossen, da schlug er mit dem Stock vor die Thür, gleich sprang sie auf, und er ging hinein und die Treppe hinauf oben in den Saal, da saß die Prinzessin und hatte einen goldenen Kelch mit Wein vor sich stehen; konnt' ihn nicht sehen, weil er den Mantel um hatte. Und als er vor sie kam, zog er den Ring vom Finger, den sie ihm gegeben hatte und schmiß ihn in den Kelch, daß es klang. Da rief sie: «das ist mein Ring, so muß auch der Mann da seyn, der mich erlöst.» Sie suchten im ganzen Schloß, und fanden ihn nicht, er aber war hinaus gegangen, hatte sich auf's Pferd gesetzt und den Mantel abgeworfen. Wie sie nun vor das Thor kamen, sahen sie ihn, und schrien vor Freude; und er stieg ab und nahm die Prinzessin in den Arm, da küßte sie ihn und sagte: «jetzt hast du mich erlöst.» Darauf hielten sie Hochzeit und lebten vergnügt miteinander.

***

In diesem Märchen haben wir es im wahrsten Sinne des Wortes mit einer Rabenmutter zu tun: Die Mutter verwandelt durch einen unbedachten Wunsch ihre kleine Tochter in eine Rabe, und diese fliegt von den Eltern fort in den dunklen Wald.

Wie konnte das passieren?

Das Märchen stellt uns ein Kind vor, das noch so klein ist, daß es auf dem Arm getragen werden muß, also wohl noch nicht laufen kann. Es ist unartig und hält nicht Ruhe, so daß die Mutter ungeduldig wird. Wir können uns die Szene lebhaft vorstellen: Eine Mutter mit einem Kleinkind auf dem Arm, das dabei ist, die Welt um sich herum zu entdecken und alles sehen, anfassen und in den Mund stecken will. Da es sich noch nicht gut alleine fortbewegen kann, möchte es auf dem Arm seiner Mutter überall hingetragen werden, wo es etwas Interessantes sieht oder hört. Dabei wechselt seine Aufmerksamkeit schnell von einem Ding zum anderen, denn lange kann es sich noch nicht auf einen Gegenstand konzentrieren – ein aufgewecktes, lebhaftes kleines Mädchen. Der Mutter tut vielleicht der Rücken weh – das

Kind hat schon ein beträchtliches Gewicht; sie ist des Umhertragens müde und möchte sich gerne eine Weile ausruhen. Das ist mit Kindern in diesem Alter so gut wie unmöglich, solange sie wach sind. Neugierig und tatendurstig untersuchen sie ihre Umgebung und brauchen eine ständige Begleitung, die ihnen dabei behilflich ist und sie vor Gefahren schützt. Das ist für eine Mutter (wie für jeden anderen Erwachsenen), eine sehr fordernde und anstrengende Aufgabe, auch wenn sie nebenbei keine Hausarbeit erledigen muß. Unsere Mutter im Märchen ist nach einer gewissen Zeit ruhebedürftig. Das Kind aber kann noch keine Rücksicht nehmen auf die mütterlichen Bedürfnisse, dazu ist es zu klein. Die Mutter mochte also «... sagen was sie wollte, es half nicht». Es ist unartig, wie es in späteren Fassungen des Märchens heißt.

An diesem Punkt werden wir hellhörig: Ist ein Kind unartig, wenn es seinen natürlichen Bedürfnissen folgt? Muß ein kleines Kind nicht schreien, wenn es Hunger hat, Sachen kaputtmachen, die es untersuchen will, getragen werden, wenn es noch nicht laufen kann, Unordnung und Schmutz verursachen dürfen?

All das muß ein Kind dürfen, wenn es sich gesund entwickeln soll. Die einzigen Grenzen, die ihm dabei gesetzt sind, ist neben der Gefahr, in die es sich durch sein Verhalten begibt, die Kraft und Geduld seiner Mitmenschen. Hier hat jede Mutter ihre eigenen Grenzen. Geduld ist etwas, das wir im Zusammenleben mit unseren Kindern üben können und müssen, aber unerschöpflich ist sie nicht. Wenn wir Jahr für Jahr, Tag für Tag von morgens bis abends mit Kindern umgehen, brauchen wir Pausen, um uns zu regenerieren.

Diese Pausen zu finden ist eine Kunst, die wir nur dann beherrschen können, wenn wir vorher gelernt haben, unsere Grenzen zu erkennen. Das hört sich einfach an, bereitet aber im Alltag den meisten Eltern große Schwierigkeiten. Es bedeutet nämlich, im Kontakt mit dem Kind gleichzeitig auch immer uns selbst wahrzunehmen, uns die Frage zu stellen: « Wie fühle ich mich jetzt? Freue ich mich an meinem Kind und seiner Lebhaftigkeit, seiner Entdeckerfreude? Genieße ich seine Nähe und Liebe? Bin ich selber lebhaft oder müde, brauche ich eine Zeit der Ruhe, um wieder einmal meine eigenen Gedanken in meinem eigenen Rhythmus denken zu können? »

Sich derartige Fragen zu stellen, erscheint besonders Müttern schon vermessen. Als ob es auf sie selbst und ihre Gefühle ankäme!

Aber ist es wirklich überflüssiger Luxus, wenn wir auf uns selbst achten? Was passiert mit uns und unseren Kindern, wenn wir es nicht tun?

Unser Märchen zeigt das deutlich.

Natürlich können Eltern nicht, sobald sie sich selbst müde oder überfordert fühlen, ihr Kind fallen lassen, um ihre eigenen Bedürfnisse zu befriedigen. Wir haben ja neben der Freude auch die Pflicht, unsere Kinder angemessen zu versorgen und zu behüten.

Aber wir sind daneben verpflichtet, mit uns selbst verantwortungsvoll umzugehen, unser Leben so befriedigend wie möglich zu gestalten. Und dazu gehört auch, unsere eigenen Fähigkeiten und Grenzen zu berücksichtigen. Zeichen für unsere Grenzen sind Ungeduld, Ärger, Müdigkeit. Sollten wir dies bemerken, gibt es verschiedene Möglichkeiten, damit umzugehen.

Die Mutter in unserem Märchen schiebt die Schuld dafür ihrem Kind zu und schadet damit sich selbst und ihrer Tochter. Sie behauptet, das Kind sei unartig, weil es auf ihr Zureden nicht reagiert, und wünscht sich schließlich das Kind weit fort. Solche Gedanken kommen sicher allen Eltern irgendwann, sie bringen aber keine Lösung, wie wir im Märchen sehen, sondern zunächst nur einen langen, leidvollen Entwicklungsweg.

Sehen wir uns das Wort ‹verwünschen› genauer an.

Wie im letzten Märchen der Bauer, so hat sich hier die Königin das Falsche gewünscht: Ihre Tochter soll verschwinden, damit sie selber Ruhe hat. Hätte sie sich statt dessen zum Beispiel den König herbeigewünscht, damit er eine Weile für das Kind sorge, wäre die Geschichte anders ausgegangen.

So aber muß die kleine Tochter schon früh erfahren, daß sie verantwortlich ist für die Erschöpfung ihrer Mutter, weil diese nicht für sich selber sorgen kann. Ein Kind, das sich altersgemäß verhält, dabei aber immer wieder zu spüren bekommt, daß sein Verhalten eine Belastung für die Eltern ist, muß anfangen, an sich selbst und seiner ‹Richtigkeit› zu zweifeln, es ist wahrhaftig verwünscht.

Kinder brauchen die Sicherheit, daß die Eltern für sich selbst und auch für sie sorgen können, daß sie keine Verantwortung für das Wohl ihrer Eltern tragen.

Das Leid entsteht durch die Vermischung der Zuständigkeiten. Versuchen wir noch einmal ganz klar zu sehen: Das Kind ist zuständig für sein eigenes Wohlbefinden (nicht für das seiner Mutter). Die Mutter ist zuständig für das Wohlbefinden des Kindes und (!) für ihr eigenes, d.h. sie muß (mindestens) für zwei Personen sorgen, deren Bedürfnisse oft nicht übereinstimmen – und das ist die Schwierigkeit dabei.

Die Mutter in unserem Märchen wird zur Rabenmutter, weil sie diesen Unterschied nicht sieht. Könnte sie das, würde sie erkennen: Mein Kind möchte spielen, mein Kind möchte umhergetragen werden, aber ich bin müde und habe keine Kraft mehr, das zu tun. Jetzt muß ich mir eine Hilfe suchen. Vielleicht nicht sofort, aber langfristig kann jede Mutter, wenn sie darauf aufmerksam wird, wann sie überfordert ist, etwas zu ihrer Entlastung planen. Die Königin zum Beispiel hätte sicher die Möglichkeit, ihre Kammerfrau oder Amme um Hilfe zu bitten. Sie bräuchte dann nicht mehr ihr Kind als ‹unartig› zu diskriminieren, wenn sie selbst ruhebedürftig ist.

Gerade dies fällt aber vielen Eltern, besonders Müttern, sehr schwer. Wir sind zu nachhaltig geprägt von der Vorstellung, daß eine gute Mutter jederzeit für ihr Kind verfügbar sein muß, als daß wir uns eine Pause gönnen könnten. Abgesehen von dem sehr intensiven Zusammensein mit Säuglingen während der Stillzeit, wird heute aber von kaum einem Psychologen mehr bestritten, daß es nicht immer und ununterbrochen die Mutter sein muß, die sich um das Kind kümmert. Ein Kind kann sich durchaus an mehrere Bezugspersonen eng binden, sofern diese sich in seine Bedürfnisse gut einfühlen können, und es sich langsam an sie gewöhnen kann.[55]

Die Entwicklungsaufgabe für die Mutter in diesem Märchen ist also klar: Sie muß zu sich selbst finden.

Betrachten wir den Ablauf der Handlung als innerpsychisches Geschehen, also auf der Subjektstufe, so deutet einiges darauf hin, daß diese Frau sich in einer Krise befindet.

Sie hat ihr Kind, das ihre Lebendigkeit, ihre Neugier und ihr inneres Wachstum verkörpert, fortgeschickt. Ihr eigenes ‹kindliches› Bedürfnis nach sinnlichem, spielerischem Kontakt mit ihrer Umwelt unterdrückt sie zugunsten ihres ‹erwachsenen› Rückzugs- und Ruhebedürfnisses, das durch die Königin repräsentiert wird.

Im Grunde spiegelt sich hier ein Konflikt zwischen Nähe und Distanz. Das Kind will immer Nähe zu allem, was es umgibt; das vermittelt ihm Sicherheit und die Möglichkeit, die Welt direkt zu erfahren. Es will alle seine Sinne ständig benutzen, um sie zu entwickeln, es will sich ankuscheln und gestreichelt werden (fühlen), es will alles, was seine Aufmerksamkeit erregt, sehen, riechen, schmecken und hören. Dadurch schärft es seine Sinne, verschafft sich Lustgewinn und lernt durch Erfahrung, Gefahren zu vermeiden. Deshalb ist es so wichtig für jeden Menschen, diese ‹Kindbedürfnisse› leben zu können – wir sind so geschaffen, um auf diese Weise das Leben erfahrend zu erlernen.

Wenn wir heranwachsen, wird diese kindliche Art der Kontaktaufnahme zur Welt zunehmend verdrängt durch geistige Entwicklung. Wir lernen, unsere spontanen Reaktionen zu kontrollieren, um den Anforderungen unserer Umwelt gerecht zu werden. Das beginnt mit der Sauberkeitserziehung und bedeutet auch, sich über längere Zeit auf Aufgaben und Pflichten zu konzentrieren, die uns nicht unbedingt immer angenehm sind, wie es im Familienleben, in der Schule und später im Beruf gefordert wird. Je nachdem, welche Erfahrungen in dieser Zeit das ‹Kind in uns› macht, wird es sich mehr oder weniger zurückziehen oder sogar völlig verschwinden. Lernt ein Kind, daß sein Bedürfnis nach Bewegung, Körperkontakt, Spielen mit Wasser, Sand, Pflanzen und Tieren von seiner Umwelt wenig akzeptiert und statt dessen ‹vernünftiges› Verhalten von ihm gefordert wird, so werden seine kindlichen Verhaltensweisen zu früh von Erwachsenenverhalten überlagert. Beschleunigt wird dieser Vorgang von allseits bekannten und üblichen Ermahnungen wie « sei nicht so albern », « faß das nicht an », « trödle nicht ». Dieses Verhalten ist in unserer durchorganisierten Gesellschaft nützlich und akzeptiert. Für Erwachsene ist es oft schwer, kindliche Bedürfnisse zu ertragen, Bewegungsdrang erscheint uns als Toben, Spielen als ‹schmutzig machen› und lärmen, wir können solche kindlichen Lebensäußerungen nur noch unter Erwachsenengesichtspunkten betrachten, weil das Kind in uns schon längst stumm und taub geworden ist. Es ist frühzeitig zum Schweigen gebracht worden, konnte neben unserem Erwachsenenich nicht weiterexistieren und seine Bedürfnisse nach Nähe und Lebendigkeit nicht ausdrücken.

Mutter sein heißt, vernünftig, fürsorglich, verantwortungsvoll handeln, Kind sein heißt dagegen, lebhaft, begeisterungsfähig und unkontrolliert zu leben. Diese beiden Welten scheinen sich gegenseitig auszuschließen. Je ausschließlicher wir Mutter sind, desto mehr gehen uns unsere Kinderseiten verloren.

Durch das Verhalten unserer Kinder werden sorgsam verborgene Defizite deutlich, und je größer diese sind, desto schneller müssen wir auch unsere Kinder zum Schweigen bringen, damit nicht etwas aufgerührt wird, was vielleicht unser rationales Erwachsenenleben aus dem Gleichgewicht bringt. Dieses Gleichgewicht ist aber ein künstliches, da es auf der erzwungenen Verdrängung eines wichtigen Anteils unserer Persönlichkeit basiert, und deshalb sehr labil.

Die Königin in unserem Märchen kann es nicht ertragen, mit diesem Aspekt konfrontiert zu werden, zu groß ist ihre Angst vor dem Aufbrechen früherer Verletzungen und Zurückweisungen, denn das Kind in uns trauert um den Verlust seiner Ausdrucksmöglichkeiten. Sie kann die Nähe dieses Kindes nicht zu lange ertragen, weist es zurück, möchte Ruhe vor ihm haben. In eine Rabe verwandelt, muß es lange Zeit im Wald, später auf dem Glasberg leben.

Rabe, Wald und Glasberg, diese Symbole können uns näher Auskunft geben über die Art der Schwierigkeiten, mit denen diese Mutter zu tun hat, und auch über ihre Lösungsmöglichkeiten.

Raben gelten als weise Vögel, sie waren Begleiter und Ratgeber Wotans (Odins), des germanischen Göttervaters. Als Luftgeschöpfe stehen sie für Intuition, für geheime Ahnungen und Gedanken.[56] Friedel Lenz sieht in ihnen das «Bild einer Weisheit, die sich verdunkelt hat»[57]. Diese Intuition ist das Wissen um den Zusammenhang zwischen inneren und äußeren Vorgängen, das intuitive Verstehen unserer menschlichen Natur. Es ist ein altes Wissen, das noch aus dem Bereich des zyklischen Weltverständnisses stammt und in der modernen Welt wenig Platz hat. Mütter und Väter brauchen es aber in besonderem Maße, um sich in die Erlebenswelt ihrer Kinder hineinversetzen zu können. Oft müssen sie sich erst mühsam einen neuen Zugang dazu verschaffen, kommen dadurch aber auch wieder in Kontakt mit den eigenen verschütteten intuitiven Kräften.

Die Königin hat nicht genug Geduld – mit sich selbst –, um auf die Intuition, die Stimme ihres inneren Kindes, zu hören, und schickt sie als Rabe in den Wald.

Wir sind in den schon besprochenen Märchen dem Wald als schicksalsbestimmendem Ort begegnet, wo wunderbare Begegnungen stattfinden.

> «... Wald ist die Zone, die sich vor das Land der Erfüllung lagert und die durchschritten werden muß, auch wenn sie bisweilen sich höchst bedrohlich darstellt, – wie stets ein Abschnitt auf dem Schicksalswege.»[58]

Der Wald muß durchmessen werden, «wenn man an den Glasberg kommen will, wo erst die eigentlichen Aufgaben beginnen»[59].

Die Rabe, die die verdrängte Spontaneität und Intuition, die Lebendigkeit der Frau repräsentiert, trifft im Wald auf eine zweite innere Kraft, den Mann, der, wie wir später sehen werden, Mut, Geduld und Klugheit verkörpert. Die Vereinigung beider am Ende des Märchens bedeutet Freisetzung dieser inneren Kräfte, die geschaffen sind, einander zu ergänzen.

Noch sind diese positiven Kräfte unterentwickelt. Die Kraft, die zur Erlösung nötig ist – der Mann –, muß sich erst noch entwickeln, er stärkt sich dazu mit Speise und Trank einer alten Frau im Wald, die dem Wanderer Essen und Trinken anbietet, vor dessen Annahme ihn die Rabe aber gewarnt hat. Er schläft darauf ein.

Essen, Trinken, Schlafen, das sind die bestimmenden Komponenten eines Kleinkindlebens. Haben wir es hier mit der anderen Seite unerfüllter Kinderbedürfnisse unserer Frau zu tun? Nicht nur ihre kindliche Neugier und Entdeckungslust, sondern auch ihr Bedürfnis nach Fürsorge, Liebe und Schutz sind nicht ausreichend befriedigt worden. Dieses Defizit muß aufgefüllt werden, bevor sie in der

Lage ist, eigene positive Entwicklungsschritte zu unternehmen. Erst dann kann sie Mut, Geduld und Unternehmungsgeist – die männliche Seite in sich –, entwickeln.

Die Alte im Walde ist das Abbild einer uralten Naturkraft, der Großen Mutter, die helfen, aber auch bannen kann. Sie erfüllt geheime Bedürfnisse, die schließlich über den Willen siegen, die heimliche Kindersehnsucht nach Bemutterung, die zunächst einen Zustand der scheinbaren Stagnation schafft. Daß dennoch in dieser Zeit eine innere Wandlung stattgefunden hat, wird im weiteren Verlauf des Märchens deutlich im Bild von Brot, Fleisch und Wein, die der Mann nach der dritten mißlungenen Prüfung erhält. Dies ist nicht als ungerechtfertigter Lohn für eine Leistung, die er nicht vollbracht hat, zu verstehen, wie es auf den ersten Blick erscheinen mag, sondern als Zeichen dafür, daß er nun gesättigt ist, daß kindliche Bedürfnisse gestillt sind. Ab jetzt wird es der Frau nie mehr an Nahrung fehlen, denn «... davon konnte er so viel essen, als er wollte, es wurde nicht all'». – Ihre männliche Kraft ist gesättigt und erstarkt, sie weiß, daß die Erlösung nun gelingen kann.

Der goldene Ring der Rabe ist ein erstes Unterpfand der angestrebten Verbindung beider Kräfte. Der männliche Anteil hat an Macht gewonnen und weiß nun genau, was er will.

Auf dem Weg tauchen weitere Helfer auf, die Riesen. Riesen kennen wir aus den Mythologien alter Völker, sie sind Urwesen, von denen teilweise die nachfolgenden Geschlechter – Götter und Menschen – abstammen, aus ihren Leibern wurde der Kosmos geschaffen.[60] Sie waren machtgierig, ungeschlacht und für Menschen und Götter gleichermaßen gefährlich. Durch Gewalt oder List mußten sie unschädlich gemacht werden. Symbolhaft stehen Riesen für das ungebändigte Walten der Naturkräfte in der Welt und im Menschen.[61]

Diese Naturkräfte können gebändigt werden und erweisen sich hier als nützlich und hilfreich. Sie zeigen den Weg zum Glasberg, denn dort sitzt immer noch – unerreichbar – die Rabe, die verbannte Lebenskraft, die Seele.

Was kann das konkret bedeuten, daß die Rabe – die Seele – auf dem Glasberg gefangengehalten wird? Eine Eigenschaft des Glases ist es, daß man hindurchsieht, aber von dem, was man dahinter sieht, abgetrennt ist. Symbolisch weist das auf eine Abspaltung von Gefühlen hin.

Vorstellbar ist ein Mensch, der unauffällig lebt, eine Mutter zum Beispiel, die ihre Familie versorgt, die gewissenhaft ihren Beruf ausübt, die aber innerlich nicht erreichbar ist. Sie funktioniert, ist aber eigentlich nicht sie selbst. Etwas fehlt ihr, – oft weiß sie selbst nicht was. Sie reagiert auf ihre Umwelt, aber nicht aus einem eigenen Impuls heraus, sondern wie ein Automat.

Viele Eltern können sich hervorragend auf andere einstellen, verlieren dabei aber den Kontakt zu sich selbst, zu ihren eigenen Bedürfnissen und Grenzen. So geht es unserer Königin im Märchen. Manche Mutter fragt sich abends, nach einem mit Arbeit und Kindern ausgefüllten Tag erschöpft: «Und wo bin *ich* eigentlich geblieben?» – Die Seele ist verbannt auf den Glasberg oder – wie das Schneewittchen – in den Glassarg. Keiner kommt wirklich an einen solchen Menschen heran, alle rutschen an seiner glatten Fassade ab.

Es braucht viel Geduld, bis der Zugang zu den abgespaltenen Gefühlen wieder möglich ist. In unserem Märchen gehört dazu eine lange Wanderung, Auseinandersetzung mit den Riesen, geduldiges Warten am Glasberg und schließlich Klugheit und List, um Zauberpferd, Mantel und Stock, die notwendigen Hilfsmittel, zu erhalten.

Geduld mit uns selbst müssen wir erst lernen. Das ist ein zentrales Thema dieses Märchens, und die Wartezeit ist denn auch die Phase, in der das Schicksal sich wendet. Der Mann ist enttäuscht, als er beim Glasberg ankommt und nicht hinaufgelangen kann. Wenn er nicht umkehren und die ganze Sache aufgeben will, muß er warten. Lange Zeit, ein ganzes Jahr muß er von ferne mitansehen, wie seine Königstochter auf dem Berg herumfährt und ertragen, daß weder sie zu ihm, noch er zu ihr gelangen kann. «Das Märchen sagt, daß man einen solchen Konflikt aushalten muß, bis die schöpferische Lösung sich gefunden hat», schreibt Marie-Louise von Franz.[62] Der Mann baut sich derweil eine Hütte, richtet sich in diesem Zustand ein, so gut er kann, ohne auch nur die geringste Aussicht auf eine Lösung zu haben. Das auszuhalten ist wohl eine der schwersten Prüfungen, die ein Mensch zu bestehen hat. Doch in dieser Zeit der scheinbaren Untätigkeit und Resignation wachsen dem Wartenden Kräfte zu – im Märchen in Form der magischen Hilfsmittel, die der Erlöser von den Riesen mit List gewinnt.

Das heißt, daß sich mittlerweile neue innere Möglichkeiten eröffnet haben. Der Stock vermittelt die Fähigkeit, Türen zu öffnen, Zugang zu finden zu etwas, was uns verschlossen war: zu unserem Inneren und auch zu anderen Menschen. Der Mantel, der unsichtbar macht, symbolisiert die Fähigkeit, uns zurückzuziehen und trotzdem zu bemerken, was vor sich geht, einfühlsam zu sein, ohne uns in den Vordergrund zu drängen. Das Pferd – unsere «instinktive Energie, die nach einem neuen Bewußtseinszustand strebt»[63] – führt uns auf Wege, die wir allein mit Hilfe unseres Verstandes niemals finden könnten, in unser Innerstes, zu dem, was erlösungsbedürftig ist. Wir vermögen nun die Tür dazu zu öffnen, und wir haben in unserer langen Wartezeit die Fähigkeit erworben, uns der verwunschenen Prinzessin – den verletzten Gefühlen – wenn die Zeit reif ist, langsam und vorsichtig zu nähern. Dies entspricht dem Vorgang in einer gelungenen Therapie, wobei der Therapeut Helfer ist beim Öffnen von Türen, dem Klienten aber die Möglichkeit gibt, selber den Ausgang aus seinem Gefängnis zu finden.

Die Frau, die zu Beginn des in diesem Märchen dargestellten inneren Entwicklungsprozesses so ärgerlich und ungeduldig mit sich selbst und anderen umging, abgeschnitten von ihren Gefühlen und positiven inneren Kräften, kann am Ende geduldig und einfühlsam sein, sich selbst und auch ihren Kindern gegenüber. Dazu war ein langer Leidensweg nötig.

Für den Umgang mit unseren Kindern können wir einiges aus dieser Geschichte lernen. Wenn wir anfangen, unsere eigenen Grenzen, unsere Unvollkommenheit wahrzunehmen, ist der erste Schritt auf unserer Entdeckungsreise nach innen getan. Wir nehmen nun einen Teil der Zeit und Kraft, die wir besitzen, für uns selbst in Anspruch, um uns zu nähren und zu schützen, um unsere Defizite aufzufüllen. Diese Zeit und Kraft geht zunächst scheinbar unseren Kindern verloren, in Wahrheit hilft es uns aber, unser Verhältnis zu ihnen nicht mit Ansprüchen an sie zu belasten, die sie nicht erfüllen können. Wir merken, daß wir selbst Fähigkeiten haben, uns zufrieden und satt zu machen. Wir brauchen dies nicht mehr vom Kind zu verlangen oder das Kind für unser unbefriedigendes Leben verantwortlich zu machen, nach dem Motto: Du bist ungezogen, weil du meine Bedürfnisse nicht erfüllst. So ersparen wir uns und unserem Kind Gefühle der Wut und der Frustration, die unser Verhältnis schwer belasten würden.

Wie schwer, das wird in unserem Märchen deutlich: ein Kind, das für das Glück seiner Eltern aufkommen muß, ist ständig überfordert. Es muß immer wieder versagen und diese Versagens- und Schuldgefühle führen zum Versiegen seiner positiven Lebenskräfte. Diese Geschichte sollte allen Eltern Mut machen, sich nicht nur um das Wohlbefinden ihrer Kinder zu sorgen, sondern auch die Verantwortung für ihr eigenes Glück zu übernehmen.

Von einem jungen Riesen
Wie aus Angst Aggression entsteht

Ein Bauersmann hatte einen Sohn, der war so groß wie ein Daumen und ward gar nicht größer, und wuchs in etlichen Jahren nicht haarbreit. Einmal wollte der Bauer ins Feld gehen und pflügen, da sagte der kleine: «Vater, ich will mit hinaus.» «Nein, sprach der Vater, bleib du nur hier, draußen bist du zu nichts nutz, du könntest mir auch verloren gehen.» Da fing der Däumling an zu weinen, und wollte der Vater Ruhe haben, mußt' er ihn mitnehmen. Also steckte er ihn in die Tasche und auf dem Felde that er ihn heraus und setzte ihn in eine frische Furche. Wie er da so saß, kam über den Berg ein großer Riese daher. «Siehst du dort den großen Butzemann, sagte der Vater und wollte den Kleinen schrecken, damit er artig wäre, der kommt und holt dich.» Der Riese aber hatte lange Beine, und wie er noch ein Paar Schritte gethan, da war er bei der Furche, nahm den kleinen Däumling heraus und ging mit ihm fort. Der Vater stand dabei, konnte vor Schreck kein Wort sprechen und glaubte, sein Kind wäre nun verloren also, daß er's sein lebtag nicht wieder sehen würde.

Der Riese aber nahm es mit sich und ließ es an seiner Brust saugen und der Däumling wuchs und ward groß und stark nach Riesen-Art und als zwei Jahre herum waren, ging der Alte mit ihm in den Wald und wollt' ihn versuchen und sprach: «zieh dir da eine Gerte heraus.» Da war der Knabe schon so stark, daß er einen jungen Baum mit den Wurzeln aus der Erde riß. Der Riese aber dachte, das muß besser kommen und nahm ihn wieder mit, säugte ihn noch zwei Jahre und als er ihn da in den Wald führte, sich zu versuchen, riß er schon einen viel größeren Baum heraus. Das war aber dem Riesen noch nicht genug und er säugte ihn noch zwei Jahre, ging dann mit ihm in den Wald und sprach: «nun reiß einmal eine ordentliche Gerte aus.» Da riß der Junge den dicksten Eichenbaum aus der Erde, daß es krachte und war ihm nur ein Spaß. Wie der alte Riese das sah, sprach er, nun ist's gut, du hast ausgelernt, und führte ihn zurück zu dem Acker, wo er ihn geholt hatte. Sein Vater pflügte gerade wieder, da ging der junge Riese auf ihn zu und sprach: «sieht er wohl, Vater, wie's gekommen ist, ich bin sein Sohn.» Da erschrak der Bauer und sagte: «nein, du bist mein Sohn nicht, geh' weg von mir.» «Freilich bin ich sein Sohn, laß er mich einmal pflügen, ich kann's so gut, wie er auch.» – «Nein, du bist mein Sohn nicht, du kannst auch nicht pflügen, geh' nur weg von mir.» Weil er sich aber vor dem großen Mann fürchtete, ließ er den Pflug los, ging weg und setzte sich zur Seite an's Land. Da nahm der Junge das Geschirr und wollte pflügen, aber er drückte bloß mit der einen Hand so gewaltig darauf, daß der Pflug tief in die Erde ging. Der Bauer konnte das nicht mit ansehen und rief ihm zu: wenn du pflügen willst, mußt du nicht so gewaltig drücken, das Land wird nicht ordentlich. Der Junge aber spannte sich selber vor den Pflug und sagte: «geh' er nur nach Haus, Vater, und sag' er der Mutter, sie sollt' eine rechte Schüssel voll zu essen kochen; ich will derweil den Acker schon herumreißen.» Da ging der Bauer heim und bestellte es bei seiner Frau und die kochte eine tüchtige Schüssel voll, der Junge aber pflügte das Land, zwei Morgen Felds ganz allein, und dann spannte er sich auch selber vor die Egge und eggte alles mit zwei Eggen zugleich. Wie er fertig war, ging er in den Wald und riß zwei Eichenbäume aus, legte sie auf die Schulter und hinten und vorne eine Egge drauf, und hinten und vorn auch ein Pferd, und trug das alles wie einen Bund Stroh nach Haus. Wie er in den Hof kam, kannte ihn seine Mutter nicht und fragte: «wer ist der entsetzlich große Mann?» der Bauer sagte: «das ist unser Sohn.» Sie sprach: «nein, unser Sohn ist das nimmermehr, so groß haben wir keinen gehabt, unser war ein kleines Ding: geh' nur weg, wir wollen dich nicht.» Der Junge aber schwieg still, zog seine Pferde in den Stall, gab ihnen Haber und Heu und brachte alles in Ordnung; und wie er fertig war, ging er in die Stube, setzte sich auf die Bank und sagte: «Mutter, nun hätt' ich Lust zu essen, ist's bald fertig?» da sagte sie ja, getraute sich nicht, ihm zu widersprechen und brachte zwei große, große Schüsseln voll herein, daran hätten sie und ihr Mann acht Tage satt gehabt. Er aber aß sie allein auf und fragte, ob sie nicht mehr hätten? «Nein, sagte sie, das ist alles, was wir haben.» «Das war ja nur zum Schmecken, ich muß noch mehr haben.» Da ging sie hin und setzte einen großen Schweinekessel voll über's Feuer und wie es gahr war, trug sie es herein. «Nun, da ist noch ein Bischen, sagte er, und aß das alles noch hinein: es war aber doch nicht genug. Da sprach er: «Vater, ich seh' wohl, bei ihm werd' ich nicht satt, will er mir einen Stab von Eisen verschaffen, der stark ist, daß ich ihn vor meinen Knien nicht zerbrechen kann, so will ich wieder fort gehen.» Da war der Bauer froh und spannte seine zwei Pferde vor den Wagen, und fuhr zum Schmied und holte einen Stab so groß und dick, als ihn die zwei Pferde nur fahren konnten. Der Junge aber nahm ihn vor die Knie und ratsch! zerbrach er ihn wie eine Bohnenstange in der Mitte entzwei. Der Vater spannte da vier Pferde vor und holte einen Stab so groß und dick, als ihn die vier Pferde fahren konnten. Den nahm der Sohn auch, knickte ihn vor dem Knie entzwei, warf ihn hin und sprach: «Vater, der kann mir nicht helfen, er muß besser vorspannen und einen stärkern Stab holen.» Da spannte der Vater acht Pferde vor und holte einen so groß und dick, als ihn die acht Pferde nur fahren konnten. Wie der Sohn den kriegte, brach er gleich oben ein Stück davon ab und sagte: «Vater, ich sehe, er kann mir doch keinen Stab anschaffen, ich will nur so weggehen.»

Da ging er fort und gab sich für einen Schmiedegesellen aus. Er kam in ein Dorf, darin wohnte ein Schmied, der war ein Geitzmann, gönnte keinem Menschen etwas und wollte alles haben; zu dem trat er nun in die Schmiede und fragte ihn, ob er keinen Gesellen brauche. «Ja», sagte der Schmied und sah ihn an und dachte, das ist ein tüchtiger Kerl, der wird gut vorschlagen und sein Brot verdienen: «wie viel willst du Lohn haben?» «Gar keinen Lohn will ich haben, sagte er, nur alle 14 Tage, wenn die andern Gesellen ihren bezahlt kriegen, will ich dir zwei Streiche geben, die mußt du aushalten.» Das war der Geitzmann von Herzen zufrieden und dachte damit viel Geld zu sparen. Am andern Morgen sollte der fremde Gesell' zuerst vorschlagen, wie aber der Meister den glühenden Stab bringt und er den ersten Schlag thut, da fliegt das Eisen von einander und der Ambos sinkt in die Erde, so tief, daß sie ihn gar nicht wieder heraus bringen konnten. Da ward der Geitzmann bös und sagte: «ei was, dich kann ich nicht brauchen, du schlägst gar zu grob, was willst du für den einen Zuschlag haben?» Da sprach er: «ich will dir nur einen ganz kleinen Streich geben, weiter nichts.» Und hob seinen Fuß auf und gab ihm einen Tritt, daß er über vier Fuder Heu hinausflog. Darauf nahm er den dicksten Eisenstab aus der Schmiede als einen Stock in die Hand und ging weiter.

Als er eine Weile gezogen war, kam er zu einem Amt und fragte den Amtmann, ob er keinen Großknecht nöthig hätte. Ja, sagte der Amtmann, er könnte einen brauchen, er sehe aus wie ein tüchtiger Kerl, der schon was vermöchte, wie viel er Jahrslohn haben wollte. Da sprach er wieder, er wollt' gar keinen Lohn, aber alle Jahre wollt' er ihm drei Streiche geben, die müßte er aushalten. Das war der Amtmann zufrieden, denn er war auch so ein Geitzhals. Am andern Morgen, da sollten die Knechte ins Holz fahren und die andern waren schon auf, er aber lag noch im Bett. Da rief ihn einer an: «nun, steh auf, es ist Zeit, wir wollen in's Holz, du mußt mit.» «Ach, sagte er ganz grob und trotzig, geht ihr nur hin, ich komme doch eher wieder, als ihr alle miteinander.» Da gingen die andern zum Amtmann und erzählten ihm, der Großknecht läge noch im Bett und wollte nicht mit in's Holz fahren. Der Amtmann sagte, sie sollten ihn noch einmal wecken und ihn heißen die Pferde vorspannen. Der Großknecht sprach aber wie vorher: «geht ihr nur hin, ich komme doch eher wieder, als ihr alle miteinander.» Darauf blieb er noch zwei Stunden liegen, da stieg er endlich aus den Federn, holte sich aber erst zwei Scheffel voll Erbsen vom Boden, kochte sie und aß sie in guter Ruhe, und wie das alles geschehen war, ging er hin, spannte die Pferde vor und fuhr in's Holz. Bald vor dem Holz war ein Hohlweg, wo er durch mußte, da fuhr er den Wagen erst vorwärts, dann mußten die Pferde stille halten und er ging hinter den Wagen und nahm Bäume und Reisig und machte da eine große Hucke (Verhack), so daß kein Pferd durchkommen konnte. Wie er nun vor's Holz kam, fuhren die andern eben mit ihren beladenen Wagen heraus und wollten heim, da sprach er zu ihnen: «fahrt nur hin, ich komme doch eher als ihr nach Hause.» Er fuhr aber nur ein bißchen ins Holz und riß gleich zwei von den allergrößten Bäumen aus der Erde, die lud er auf den Wagen und drehte sich um. Wie er vor die Hucke kam, standen die andern noch da und konnten nicht durch, da sprach er: «seht ihr wohl, wärt ihr bei mir geblieben, wärt ihr eben so gerade nach Haus gekommen und hättet noch eine Stunde schlafen können.» Er wollte nun zufahren, aber seine vier Pferde, die konnten sich nicht durcharbeiten, da spannte er sie aus, legte sie oben auf den Wagen, spannte sich selber vor, hüf! zog er alles durch und das ging so leicht, als hätt' er Federn geladen. Wie er drüben war, sprach er zu den andern: «seht ihr wohl, ich bin eher durchgekommen als ihr» und fuhr fort und die andern mußten stehen bleiben. In dem Hof aber nahm er einen Baum in die Hand und zeigte ihn dem Amtmann, und sagte: «ist das nicht ein schönes Klafterstück?» Da sprach der Amtmann zu seiner Frau: «der Knecht ist gut, wenn er auch lang schläft, er ist doch eher wieder da, als die andern.»

Nun diente er dem Amtmann ein Jahr; wie das herum war und die andern Knechte ihren Lohn kriegten, sprach er, nun wär's Zeit, er wollte auch gern seinen Lohn sich nehmen. Dem Amtmann ward aber Angst dabei, daß er die Streiche kriegen sollte und bat ihn gar zu sehr, er möchte sie ihm schenken, lieber wollte er selbst Großknecht werden und er sollte Amtmann seyn. «Nein, sprach er, ich will kein Amtmann werden, ich bin Großknecht und will's bleiben, ich will aber austheilen, was bedungen ist.» Der Amtmann wollt' ihm geben, was er nur verlangte, aber es half nichts, der Großknecht sprach zu allem nein. Da wußte sich der Amtman keinen Rath und bat ihn nur um 14 Tage Frist, er wollte sich auf etwas besinnen; da sprach der Großknecht, die sollt' er haben. Der Amtmann berief alle seine Schreiber zusammen, die sollten sich bedenken und ihm einen Rath geben, die besannen sich lange, endlich sagten sie, man müßte den Großknecht um's Leben bringen; er sollte große Mühlsteine um den Brunnen im Hof anfahren lassen und dann ihn heißen hinabsteigen und den Brunnen rein machen, und wenn er unten wäre, wollten sie ihm die Mühlsteine auf den Kopf werfen. Der Rath gefiel dem Amtmann und da ward alles eingerichtet und wurden die größten Mühlsteine herangefahren. Wie nun der Großknecht im Brunnen stand, rollten sie die Steine hinab, und sie schlugen hinunter, daß das Wasser in die Höh' sprützte. Da meinten sie gewiß, der Kopf wär' ihm eingeschlagen, aber er rief: «jagt doch die Hühner vom Brunnen weg, die kratzen da oben im Sand und werfen mir die Körner in die Augen, daß ich nicht sehen kann.» Da rief der Amtmann: bsch! bsch! und that als scheuchte er die Hühner weg. Wie nun der Großknecht fertig war, stieg er herauf und sagte: «seht einmal, ich hab' doch ein schön Halsband um», da waren es die Mühlsteine, die trug er um den Hals. Wie der Amtmann das sah, ward ihm wieder Angst, denn der Großknecht wollt' ihm nun seinen Lohn geben; da bat er wieder um 14 Tage Bedenkzeit und ließ die Schreiber zusammenkommen, die gaben endlich den Rath, er sollt' ihn in die verwünschte Mühle schicken, und ihn heißen, dort in der Nacht noch Korn mahlen, da sey noch kein Mensch lebendig Morgens herausgegangen. Der Anschlag gefiel dem Amtmann; also rief er ihn noch denselben Abend, und sagte, er sollte acht Malter Korn in die Mühle fahren und in der Nacht noch mahlen, sie hättens nöthig. Da ging der Großknecht auf den Boden und that zwei Malter in seine rechte Tasche, zwei in die linke, vier nahm er in einem Quersack halb auf den Rücken, halb auf die Brust und ging so nach der verwünschten Mühle. Der Müller aber sagte ihm, bei Tag könnt' er recht gut da mahlen, aber nicht in der Nacht, da sey die Mühle verwünscht, und wer da noch hineingegangen, der sey am Morgen todt darin gefunden worden. Er sprach: «ich will schon durchkommen, macht euch nur fort und legt euch auf's Ohr.» Darauf ging er in die Mühle und schüttete das Korn auf und wie's bald elf schlagen wollte, ging er in die Müllerstube und setzte sich auf die Bank. Als er ein bischen da gesessen hatte, that sich auf einmal die Thür auf und kam eine große, große Tafel herein, und auf die Tafel stellte sich Wein und Braten und viel gutes Essen, alles von selber, denn es war niemand da der's auftrug. Und darnach rückten sich die Stühle herbei, aber es kamen keine Leute, bis auf einmal sah er Finger, die hantierten mit den Messern und Gabeln und legten Speisen auf die Teller, aber sonst konnt' er nichts sehen. Nun war er hungrig und sah die Speisen, da setzte er sich auch an die Tafel und aß mit und ließ sich's gut schmecken. Wie er aber satt war und die andern ihre Schüsseln auch ganz leer gemacht hatten, da wurden die Lichter auf einmal alle ausgeputzt, das hörte er deutlich, und wie's nun stockfinster war, so kriegte er so etwas wie eine Ohrfeige in's Gesicht; da sprach er: «wenn noch einmal so etwas vorkommt, so theil' ich auch wieder aus»; und wie er zum zweiten Mal eine kriegte, da schlug er gleichfalls mit hinein. Und so ging das fort die ganze Nacht, er ließ sich nicht schrecken, und schlug nicht faul um sich herum; bei Tagesanbruch aber hörte alles auf. Wie der Müller aufgestanden war, wollt' er nach ihm sehen und verwunderte sich, daß er noch lebte. Da sprach er: «ich habe Ohrfeigen gekriegt, aber ich habe auch Ohrfeigen ausgetheilt und mich satt gegessen.» Der Müller freute sich und sagte, nun wäre die Mühle erlöst und er wollt' ihm gern zur Belohnung viel Geld geben. Er sprach aber: «Geld will ich nicht, ich habe doch genug.» Dann nahm er sein Mehl auf den Rücken und ging nach Haus und sagte dem Amtmann, er habe die Sache ausgerichtet und wollte nun seinen bedungenen Lohn haben. Wie der Amtmann das hörte, da ward ihm erst recht Angst und er wußte sich nicht zu lassen und ging in der Stube auf und ab, daß ihm die Schweißtropfen von der Stirne herunterfielen. Da machte er das Fenster auf nach ein wenig frische Luft, eh er sich's aber versah, hatte ihm der Großknecht einen Tritt gegeben, daß er durchs Fenster in die Luft hinein flog, immer fort, bis ihn niemand mehr sehen konnte. Da sprach der Großknecht zur Frau des Amtmanns, nun müßte sie den andern Streich hinnehmen, die sagte aber: «ach nein, ich kann's nicht aushalten» und machte auch ein Fenster auf, weil ihr die Schweißtropfen die Stirn' herunterliefen. Da gab er ihr gleichfalls einen Tritt, daß sie auch hinausflog und noch viel höher als ihr Mann; und der rief ihr zu: «komm doch zu mir!» sie aber rief: «komm du doch zu mir, ich kann nicht zu dir»; und sie schwebten da in der Luft und konnte keins zum andern, und ob sie da noch schweben, das weiß ich nicht; der junge Riese aber nahm seine Eisenstange und ging weiter.

***

Ums Artigsein geht es zunächst auch in dem Märchen ‹Der junge Riese›. Die Gegensätze zwischen Erwachsenenwelt und Kinderbedürfnissen prallen in kaum einem anderen Märchen so hart aufeinander wie in diesem.

Der junge Riese hat ganz klein angefangen, als Däumling. Und in seinen ersten Lebensjahren wächst er überhaupt nicht, er entwickelt sich nicht in seinem Elternhaus. Irgendwann einmal hat er dieses Dasein satt und will hinaus ins Freie. Der Vater hat Bedenken, ihn mitzunehmen, er fürchtet, sein Sohn könnte ihn bei der Feldarbeit stören oder gar verlorengehen. Schließlich, um des lieben Friedens willen, gibt er dem Drängen des Kleinen nach, um ihn aber ruhig zu halten, droht er ihm mit dem ‹großen Butzemann›. Und wie wir es in den Märchen schon kennen, gehen solche Drohungen und Verwünschungen auch sofort in Erfüllung. Warum? Weil sie, einmal ausgesprochen, Defizite und Ängste des Wünschenden sichtbar machen, die sich nun bildhaft verkörpern als Riesen, Raben oder Igel.

Mit den Ängsten des Vaters haben wir es hier also zu tun.

Das Gegensatzpaar Däumling–Riese weist schon auf den Konflikt hin, der sich in diesem Mann abspielt. Es geht um klein und groß, Macht und Ohnmacht. Der Bauer traut seinem kleinen Sohn nichts zu. Im Gegensatz zu anderen Däumlingsmärchen, in denen der Vater seinem Sohn trotz seiner Kleinheit die Gelegenheit gibt, seine Fähigkeiten zu beweisen, hat dieser Däumling keine Chance. In dem Grimm-Märchen ‹Daumesdick› sagt zum Beispiel der Vater zu seinem Sohn, als der Kleine sich anbietet, den Wagen zu bringen: «... einmal wollen wir's versuchen.» Auch später vertraut er auf die Schlauheit seines Söhnchens, sich alleine durchzuschlagen und auch wieder nach Hause zurückzufinden, und gibt ihn, widerstrebend zwar, den großen Männern mit, die für den Däumling nichts anderes als Riesen sind.

In dem Grimm-Märchen ‹Daumerlings Wanderschaft› geht es ähnlich zu. Als der kleine Sohn des Schneiders in die

Welt hinaus ziehen will, spricht der Alte: «‹Recht, mein Sohn› ... nahm eine lange Stopfnadel und machte am Licht einen Knoten von Siegellack daran, ‹da hast du auch einen Degen mit auf den Weg.›»

In diesen Märchen sehe ich die Däumlinge als Abbild des Selbstverständnisses ihrer Eltern: diese sind zwar nur ‹kleine Leute›, Bauern und Schneider, aber den Mangel gleichen sie aus durch Pfiffigkeit, Einfallsreichtum und Mut. Dafür steht der Däumling. Sie bewegen sich im Rahmen ihrer Möglichkeiten und schöpfen diese voll aus. Der Däumling kehrt am Schluß zu seinen Eltern zurück, gewachsen an Erfahrungen und Abenteuern, aber nicht an Größe. Die Familie gibt dem Sohn die Möglichkeit, sich weiter zuentwickeln, ohne daß er seine Stellung oder seine äußere Gestalt verändern muß. Da er im Elternhaus so akzeptiert wird, wie er ist, kann er nach bestandenen Abenteuern auch wieder dorthin zurückkehren.

Anders geht es dem Däumling in unserem Märchen. Er erfährt zu Hause keine Akzeptanz oder liebevolle Unterstützung. Während in den anderen beiden aufgeführten Märchen Kleinsein bedeutet: im Rahmen seiner bescheidenen Möglichkeiten seine eigenen Fähigkeiten zu entwickeln, so heißt in diesem Märchen Kleinsein: gar keine Möglichkeit haben.

Wie kommt es zu diesen Unterschieden?

Betrachten wir einmal das Verhalten des Vaters auf der Subjektstufe. Wenn dieser Vater zu seinem Sohn sagt: «Du bist zu nichts nutz und könntest verlorengehen», so sagt das etwas über sein eigenes Lebensgefühl aus; auch er fühlt sich gegenüber anderen – den ‹Großen› – nichtsnutzig und verloren und traut seinen eigenen Kräften nicht. Diese können sich nicht entwickeln, der Sohn als Verkörperung neuer Lebens- und Entwicklungsmöglichkeiten bleibt klein. Der Bauer hat Angst: Wenn er nicht klein, angepaßt und artig ist, würde der Riese auf ihn aufmerksam werden.

Was ist das für ein Riese, vor dem der Vater sich fürchtet? Der Riese in diesem Märchen zeigt sich nicht von seiner triebhaften zerstörerischen Seite, er ist behutsam und nährend – mütterlich. Der Riese, der Abbild urgewaltiger Naturkräfte ist, kann eben beides: wachsen lassen und zerstören. Fast scheint es, als sei er eine Verkörperung jenes kosmischen Urriesen, aus dessen Körper nach den Vorstellungen der nordischen Mythologie Himmel und Erde entstanden sind, und der auch in Schöpfungsmythen Persiens, Indiens, Chinas, Südamerikas und sogar in jüdischen Legenden um Adam eine große Rolle spielt.[64]

Wir können uns vorstellen, daß dieser Bauer, der ständig in Kontakt mit der Natur lebt und von ihr abhängt, besonders den ungebändigten, bedrohlichen Aspekt ihrer Macht fürchtet, und diese Furcht hat sein Lebensgefühl nachhaltig geprägt: Er fühlt sich klein und machtlos diesen Kräften gegenüber, die ihn selbst und seine Lebensgrundlage jederzeit zerstören können. Auf psychischer Ebene entspricht dies unserer Angst vor unseren Triebkräften, unserer Befürchtung, sie nicht kontrollieren zu können.

Der Sohn in diesem Märchen hat die Aufgabe, eine eigenständige Persönlichkeit auszubilden, deren Fühlen, Denken und Wollen den weiteren Lebensweg prägt.[65] Dieser Reifungsprozeß findet in unserem Märchen nicht statt – ein ungewöhnlicher Märchenverlauf mit negativer Entwicklung und offenem Ausgang. Das Vertrauen in die eigenen positiven Kräfte ist zu gering und die Angst vor der unkontrollierten Triebwelt zu stark, so daß die notwendige Entwicklung nicht stattfinden kann. Der Sohn – die Ich-Kraft – kann nicht wachsen und wird schließlich vom Riesen, der Triebkraft, mitgenommen. Der Mensch wächst zwar, aber sozusagen in die falsche Richtung, er gerät völlig in den Einflußbereich der «ungebändigten Kräfte der Leibesnatur»[66]. Zwar zieht er auch, wie andere Märchenhelden, in die Welt hinaus, aber seine Begegnungen mit anderen Menschen gestalten sich aggressiv und zerstörerisch und tragen nicht zu seiner inneren Entwicklung bei. Und es bleibt zweifelhaft, ob sich dieser Zustand jemals ändern wird, denn «... der junge Riese aber nahm seine Eisenstange und ging weiter», heißt es am Ende der Geschichte. Wie konnte es zu einer so traurigen und beängstigenden Entwicklung kommen?

Das wird deutlicher, wenn wir uns vorzustellen versuchen, was in diesem Vater vorgeht. Schauen wir uns die vergleichbare Stelle im Märchen Daumesdick noch einmal an: Dort sind es keine Riesen, sondern zwei fremde Männer, die den Daumesdick mitnehmen wollen. Für diesen sind sie sicher riesenhaft, denn er reitet später auf dem Hutrand eines dieser Männer davon, aber aus der Perspektive des Vaters wirken diese Männer nicht annähernd so bedrohlich und riesig. Er muß sich nicht vor ihnen fürchten und kann ihnen freiweg seinen Sohn verweigern. Erst nachdem er völlig davon überzeugt ist, daß sein kleiner Sohn stark und klug genug ist, in die Welt hinaus zu ziehen und auch unbeschadet wieder zurückzukehren trotz seiner geringen Größe, gibt er ihn fort.

Dieser Vater handelt verantwortlich, trotz des Risikos, das er eingeht. Jedenfalls tut er das, was in seiner Macht steht, um seinen Sohn zu schützen, traut ihm im rechten Moment aber auch selbständiges Handeln zu.

Das kann der Vater in unserem Märchen nicht. Er traut seinem kleinen Sohn nicht zu, mit einer neuen Situation fertigzuwerden, will es ihn auch nicht versuchen lassen. Daher trifft er völlig unvorbereitet auf den Riesen.

Auf der subjektstufigen Ebene bedeutet das: Der Mann, der aus Angst vor seinen eigenen unbewußten Triebkräften, die der Riese verkörpert, eine negative, entwicklungshemmende Lebenshaltung hat, wird von gerade diesen Kräften überwältigt. Der amerikanische Schriftsteller Henry Miller hat einmal notiert:

«Die volle und freudige Bejahung des Verworfensten in uns ist der einzig sichere Weg, es zu verwandeln.»[67]

Er selbst setzte sich sein Leben lang mit Sexualität und Aggression auseinander, und gerade deswegen wurden seine Bücher verboten und durften in Amerika jahrzehntelang nicht erscheinen.

In unserem Zusammenhang bedeutet das: Gerade das, was wir aus unserem Leben aussparen und aus Angst wegsperren, wird uns gefährlich, weil es keine Chance bekommt, sich zu wandeln.

Der Vater in unserem Märchen hat nicht gelernt, mit diesen tabuisierten Kräften umzugehen, sie durch einen geistigen Reifungsprozeß, für den der Sohn stehen könnte, sozusagen zu ordnen und zu wandeln, wie dieses in mythologischen Erzählungen immer wieder beschrieben wird: Der Riese, der die alte, ungeordnete Naturkraft verkörpert, wird von der nachfolgenden Göttergeneration zu einer neuen Weltordnung umgestaltet. Hier wird umgekehrt der Sohn – die positive Entwicklungsmöglichkeit – von dem Riesen – der gewaltigen Triebkraft – fortgetragen und in dessen Dienste gestellt.

Das Ausmaß an Destruktivität, das in diesem Märchen zum Ausbruch kommt, ist denn auch erschreckend.

Der Däumling nämlich wächst nun ‹nach Riesen-Art›. Er wird groß und stark und entwickelt soviel Kraft, daß er Bäume auszureißen vermag. Nach sechs Jahren kehrt er zu seinem Vater zurück, um ihm zu beweisen, was er kann.

Was hat sich in dieser Zeit in dem Bauern abgespielt? Nach einer ersten Begegnung mit der Riesenkraft ist er vor Schreck wie gelähmt. Der Riese aber zieht sich wieder in den Wald zurück – in den Triebbereich des Unbewußten – und nimmt nur das mit, was der Mann bis dahin erfolgreich klein halten konnte, seine Aggression. Die wächst nun, abgeschnitten und unbemerkt vom Bewußtsein, ins Riesenhafte, bis sie zurückkehrt, nicht mehr ignoriert werden kann. Der Bauer spürt heftige Emotionen und erschrickt. Vor soviel unkontrollierbarer Kraft fürchtet er sich, sie wirkt auf ihn zerstörerisch. Als Sohn – als sein eigenes Produkt also – kann er sie schon gar nicht anerkennen. Er ist nicht in der Lage, die positive Seite dieser Kraft zu sehen, sie in sein Leben zu integrieren.

Daß der Sohn im Märchen seinen Vater wieder verläßt, weil er nicht satt wird – daß die Aggression nicht mitleben konnte – bedeutet eine verhängnisvolle Entwicklung. Es besteht die Gefahr einer Aufspaltung der Persönlichkeit in einen angepaßten, unauffälligen Menschen (den Bauern), der zu Hause bleibt, und einen aggressiven zerstörerischen (den gewalttätigen Sohn), der davonzieht. Ähnlich vielleicht dem Feuerwehrmann, der heimlicher Brandstifter ist, oder dem netten Nachbarn, der irgendwann plötzlich zum Bombenleger wird.

Wir fragen uns, wie so etwas passieren kann. Vielleicht ist dieses «bei ihm werd' ich nicht satt» der entscheidende Satz. Wir können uns vorstellen, daß hier nicht nur das körperliche Sattsein gemeint ist, sondern daß der junge Riese viel mehr nach Anerkennung und Liebe hungert. Der Grund, warum wir uns selbst nicht leiden können mitsamt unserer Schattenseite ist ja die mangelnde Akzeptanz dieser Triebe und Gefühlsäußerungen im Kindesalter durch unsere Eltern und später die Erwachsenenwelt. Wir lernen früh, daß wir geliebt werden, wenn wir klein und artig sind, unsere Wildheit, unser Eigensinn, unser Machtstreben werden unterdrückt oder ignoriert, das heißt, wir werden nie *ganz* geliebt und können uns deshalb auch selbst nie ganz akzeptieren. Erst später, als Erwachsene, schaffen wir es manchmal, diese gutversteckten Kräfte in uns wahr- und sie als Bestandteil unseres Lebens anzunehmen. Wenn diese Integration nicht stattfindet, kann es passieren, daß starke aggressive Kräfte sich abspalten und eigene, unkontrollierte Ausdrucksmöglichkeiten suchen.

Kehren wir nun zur objektstufigen Betrachtungsweise zurück und fragen wir uns: Welche Folgen kann das für Eltern und Kinder haben?

Es ist für uns einfach, ein Kind zu akzeptieren, solange es klein und artig ist. Klein muß sich hier nicht nur auf die Körpergröße oder das Alter beziehen, in Verbindung mit artig heißt es auch schwach, angepaßt, ohne eigenes Selbstbewußtsein. C. H. Mallet betont in seiner Analyse des Märchens ‹Katze und Maus in Gesellschaft›, daß die Verkleinerung seit jeher nicht nur zur Verniedlichung und als Kosewort diente, sondern vor allem auch zur besseren Beherrschung der entsprechenden Person.[68]

Wachstum, Kraft, Entwicklung erscheint vielen Eltern bedrohlich; sie versuchen, ihr Kind solange wie möglich klein zu halten und können es nicht annehmen, wenn es wachsen, selber mitreden und entscheiden will. Das läßt sich natürlich nicht durchhalten, irgendwann wird jedes Kind größer, gewinnt an Kraft und Eigenwillen. Es ist insbesondere der Ablösungsprozeß der Pubertät, der als Schreckensbild in den Köpfen vieler Eltern herumspukt.

Warum eigentlich löst diese Entwicklungsphase unserer Kinder in uns soviel Angst und Abwehr aus? Ist es nicht etwas Positives, wenn junge Menschen zu sich selbst finden, ihre eigenen Kräfte entdecken und Fähigkeiten entwickeln, unabhängig werden?

Für uns Eltern ist es deswegen eine schwierige Zeit, weil wir in zunehmendem Maße den Einfluß auf die Kinder verlieren. Wir können ihnen nicht mehr mit dem großen Butzemann drohen, sie haben ihren eigenen Butzemann, der ihnen Kraft gibt. Ob dieser sich gegen uns Erwachsene wendet, hängt sehr davon ab, wieviel Vertrauen wir in unsere eigenen positiven Lebenskräfte und in die unserer Kinder setzen können.

Unser Vater im Märchen vertraut seinem Sohn nicht. Er sieht nur, wie der Sohn auf einmal aus seinem Einflußbereich entschwindet, ohne daß er ihn zurückhalten kann, sieht ihn gewachsen und kräftig wieder auftauchen und empfindet diese Kraft als Gewalt, die sich gegen ihn und alles was er aufgebaut hat, richtet. Er fürchtet, der Sohn könnte all das zerstören, was er und seine Frau mühsam durch Verdrängung der – inneren und äußeren – Naturkräfte geschaffen haben. So sind sie froh, als er endlich abzieht, und tun ihm alles zu Gefallen, nur um ihn loszuwerden. Er ist ihnen über den Kopf gewachsen, und sie können nichts mehr mit ihm anfangen.

So stellt sich die Entwicklung für die Eltern dar. – Was mag wohl der Sohn in diesem Zeitraum empfinden?

Er ist so lange klein gewesen, daß er nun sehr stolz auf seine Größe und seine neugewonnenen Fähigkeiten ist. Er hat es ohne die Hilfe der Eltern, ja vielleicht sogar gegen ihren Willen geschafft und möchte sich nun die, wie er meint wohlverdiente, Anerkennung für seine Leistungen abholen.

Will er seinem Vater Angst machen, wenn er sagt: «Sieh er wohl, Vater, wie's gekommen ist, ich bin sein Sohn.»? Ich glaube nicht. Er möchte endlich für voll genommen werden, lange genug wurde er als klein und nichtsnutzig abgestempelt. Nun will er zeigen, wie nützlich er sein kann, muß aber erneut feststellen, daß seine Fähigkeiten nicht erwünscht sind.

Solche Erfahrungen mögen viele Jugendliche, in dieser Entwicklungsphase machen. Sie überragen ihre Eltern um Haupteslänge, sie haben Fähigkeiten, Vorstellungen und Wünsche entwickelt, die sie verwirklichen möchten, merken aber, daß niemand sie hören oder haben will.

Sie nehmen Unrecht und Mißstände wahr, so wie im Märchen der junge Riese den Geiz und Materialismus der Erwachsenenwelt erfährt, stoßen aber mit ihren Verbesserungsvorschlägen und Aktivitäten überall an die Mauern dieser Erwachsenenwelt. Die Erwachsenen wollen am liebsten in Ruhe gelassen werden und so weiterleben wie bisher, die Jugendlichen laufen mit ihrer Kraft ins Leere.

Auf diese Weise staut sich in dem jungen Riesen eine Frustration auf, die nicht mit Geld zu besänftigen ist. Auf die Frage seiner Arbeitgeber, wieviel Lohn er verlange, antwortete er jedesmal: « ‹ Gar keinen Lohn will ich haben, nur alle vierzehn Tage, wenn die andern Gesellen ihren bezahlt kriegen, will ich dir zwei Streiche geben, die mußt du aushalten. › Das war der Geitzmann von Herzen zufrieden und dachte damit viel Geld zu sparen. » Immer wieder trifft der junge Riese auf berechnende kleinliche Erwachsene, die ihn als Menschen nicht anerkennen sondern nur seine Arbeitskraft für sich ausnutzen wollen. Ihm geht es aber nicht um Lohn, er will nicht nach den Bedingungen der Erwachsenenwelt arbeiten, sondern einen Denkzettel erteilen. Gewaltsam verschafft er sich den Respekt, den er freiwillig nicht bekommt, und bestätigt so den negativen Eindruck, den sowieso alle von ihm haben. – Insofern ist dieses Märchen eine sehr moderne Geschichte.

Erwachsene, die die Jugend von heute beklagen, ähneln dem Bauern, dem Schmied und dem Amtmann: sie fürchten die Kraft und die Stärke und wollen sie sich gleichzeitig nutzbar machen, und zwar möglichst umsonst.

Dies beschreibt ziemlich genau den Zustand unserer heutigen Industriegesellschaft, die sich die Naturkräfte nutzbar und untertan macht, ohne ihnen gleichzeitig das dafür zu geben, was ihnen zusteht, nämlich Achtung. Die Natur schlägt zurück, genau wie der junge Riese, wie alle jungen Riesen, deren positives Potential wir nur ausnutzen, ohne ihnen eigene Entwicklungsmöglichkeiten zuzugestehen.

Ich möchte noch einmal auf die Auseinandersetzung zwischen Vater und Sohn in unserem Märchen zurückkommen, denn hierin liegt noch ein spezieller Aspekt unseres

Themas. Väter und Söhne sind unter anderem auch Konkurrenten, wie Mütter und Töchter auch, und das nicht nur im Sinne des Freudschen Ödipuskomplexes.

Für das Selbstbewußtsein von Männern in unserer Gesellschaft ist es wesentlich, immer gut, besser oder möglichst am besten zu sein. Jeder Vater ist der Überzeugung, daß er eigentlich alles besser kann als sein Sohn, und viele nutzen diese ‹Überlegenheit› nicht, um ihren Sohn entsprechend zu fördern, sondern um ihn kleinzuhalten. Mögen auch Arbeitskollegen oder sonstwelche Konkurrenten den Vater überflügelt haben, der Sohn ist immer noch jemand, vor dem man groß und überlegen erscheinen kann. Das klappt um so besser und um so länger, je weniger man den Sohn eigene Fähigkeiten und Initiative entwickeln läßt.

Die wenigsten Väter verhalten sich bewußt abwertend ihren Söhnen gegenüber, sie tun es aber unbewußt um so stärker, je weniger sie von ihrem eigenen Wert überzeugt sind. Diesbezüglich sind viele Männer ambivalent: Sie wollen das beste für ihren Sohn, haben vielleicht etwas für ihn aufgebaut, um seine Zukunft zu sichern, geben ihm aber gleichzeitig das Gefühl, daß er den väterlichen Betrieb eigentlich gar nicht führen kann, und wenn, dann nur unter Vaters fachkundiger Anleitung, und zwar genau so, wie er schon immer geführt wurde. Jede Neuerung, jede Eigeninitiative des Sohnes erlebt der Vater als Bedrohung seiner Vormachtstellung, als Kritik an seiner jahrelangen Arbeit und Erfahrung, als zerstörerisch, so wie unser Bauer entsetzt mitansehen muß, wie sein Sohn sich beim Pflügen anstellt.

Aber auch in weniger spektakulären Alltagssituationen erleben wir solches Verhalten: der Vater, der seinen Sohn ständig verbessert, weil er es eben besser weiß, anstatt zuzuhören, was dieser ihm eigentlich sagen will; der die Hobbys und Interessen seines Sohnes nicht ernstnimmt, abwertet oder sich nicht dafür interessiert, weil es nicht dieselben sind, die er selbst früher ausübte, und er somit nicht mitreden kann; der überhaupt alles, was für ihn neu ist, ablehnt, weil er sich darin nicht kompetent fühlt und Angst haben muß, jemand, und sei es auch sein Sohn, sei darin besser als er selbst. Ein solcher Vater besteht darauf, daß alles so gemacht wird, wie er es gelernt hat, und kann für neue Entwicklungen nicht offen sein. «Nein, du bist mein Sohn nicht, du kannst auch nicht pflügen, geh' nur weg von mir», sagt der Bauer zu seinem gewachsenen Sohn, und natürlich mißlingt diesem das Pflügen zunächst, hat es ihm doch nie jemand beigebracht, er war ja immer ‹zu klein› dazu. Schließlich findet er eine neue Methode, wie er auf seine Art pflügen kann. Der Vater aber kann die ganze Sache nicht mit ansehen. Hätte er sich nicht die Kraft seines Sohnes zunutze machen können? Hat er nicht gesehen, daß, mit ein bißchen Übung, dieser Sohn ein wunderbarer Bauer geworden wäre, der ihm und seiner Frau die schwere Arbeit erleichtert hätte? Hat er nicht die Hilfsbereitschaft seines Sohnes bemerkt, sein Bemühen um Anerkennung?

Durch die erschreckte und negative Reaktion des Vaters auf seine neuerworbenen Kräfte beginnt auch der Sohn, diese Kräfte negativ zu bewerten und setzt sie dementsprechend ein. Der junge Mann hat gelernt, daß er nicht geliebt, dafür aber gefürchtet wird. Das ist immerhin auch eine Art, anderen Menschen zu begegnen, und die einzige, die er beherrscht. Er macht sich überall unbeliebt, hält es nirgends lange aus und genießt es, wenn die Erwachsenen aus Angst vor ihm zittern und betteln. Die Prüfungen, die die klugen Männer ihm auferlegen, um ihn auszuschalten, meistert er spielend und kehrt immer wieder zurück, um seinen ‹Lohn› einzufordern. Kein Geld und kein Amt kann ihn besänftigen, selbst der Amtmann, der ihm gar nichts getan hat, soll seine Streiche zu spüren bekommen.

Der junge Riese verfolgt nur ein Ziel: seine Rache zu nehmen; hat er das erreicht, zieht er weiter.

Rache ist ein Wort, das mir für solch kaltblütiges und zielstrebiges Handeln am ehesten einfällt – aber Rache wofür? Wir erinnern uns vielleicht an Situationen aus unserer Kindheit, in denen wir uns von unseren Eltern ungerecht behandelt, ungeliebt oder abgeschoben vorkamen. Je nach Schwere der Kränkung entwickelten wir Phantasien, die vom Weglaufen bis zum Verletzen oder Töten der betreffenden Personen reichten. Jedes Kind hat seine eigenen Methoden, um mit solch schwierigen Gefühlen fertig zu werden, und oft gelingt dies durch einen phantasierten Rollentausch: Es ist nun groß, stark und mächtig, und die Erwachsenen müssen vor ihm zittern, wie im Märchen der Amtmann.

Daß wir unsere Kinder nicht immer und in allem verstehen können, ist selbstverständlich. Wenn aber Eltern wie in unserem Märchen von ihren eigenen Problemen so sehr gehemmt werden, daß sie ihre Kinder gar nicht annehmen und in ihrer Entwicklung begleiten können, müssen diese sich ständig unverstanden fühlen. Sie passen nicht in das starre Lebenskonzept, das die Eltern brauchen, um ihre eigenen Ängste abzuwehren.

Die ständigen Verletzungen des kindlichen Selbstwertgefühls, die daraus folgen, versucht das Kind durch Größen- und Allmachtsphantasien zu kompensieren. Es findet heraus, daß die einzige Möglichkeit, Aufmerksamkeit und Respekt zu erringen, darin besteht, anderen Furcht einzujagen, und es kultiviert nun diese Seiten in sich, wie der Riese im Märchen.

Ein junger Mensch unserer Zeit würde sich vielleicht in schwarzes Leder und schwere Militärstiefel kleiden und mit gefärbten Haaren und rasselnden Ketten Erwachsenen Angst einjagen oder sich einer gleichgesinnten Gruppe anschließen und unbeteiligte Passanten zusammenschlagen.

Sind wiederum die Eltern an allem schuld? Können wir ihnen die Verantwortung für alle Gewalttaten, für alles was schiefläuft, in die Schuhe schieben?

Das wäre die einfachste Lösung, aber sie stimmt nicht. Auch die Eltern sind Opfer, und gerade darauf möchte ich mit dieser Märchendeutung aufmerksam machen.

Der Vater in unserem Märchen muß seinen Sohn ablehnen, weil er sich selbst ablehnt: Die Seiten in ihm, die wachsen und sich entwickeln wollen, das Lebendige in ihm, das durch seinen Sohn repräsentiert ist und das immer mit Aggression und Sexualität zu tun hat, müssen klein bleiben. Wie es dazu kam, daß wir in unserer christlichen Kultur alles Triebhafte tabuisieren, habe ich in den Eingangskapiteln erläutert.

C. H. Mallet hat sich in seinem Buch *Kopf ab* zusammenhängend damit auseinandergesetzt und er stellt fest:

> «Der Antagonismus gut – böse, friedlich – gewalttätig liegt zunächst nicht in der äußeren Welt, sondern in der eigenen Seele. Schließlich kann zwischen Menschen nichts geschehen, was als Möglichkeit nicht in jedem einzelnen begründet ist. Aber wir einzelnen lassen uns nicht einteilen in die bösen Kains und die guten Abels. Wir sind sowohl Kain als auch Abel. Wir sind die guten jüngsten Kinder der Märchen, so gut wie die bösen älteren. Das ist keine besondere Erkenntnis und keine bedeutsame Neuigkeit. Danach befragt, wird niemand sich für einen Engel halten und die bösen anderen für Teufel. Theorie und Praxis klaffen hier aber auseinander. Was jeder einzelne aus voller Überzeugung sagt und vertritt, wird im Ernstfall immer wieder zunichte. Dann sehen wir im bösen anderen eben doch den Teufel und zählen uns zu den Guten, die die rechte Moral, die rechte Weltanschauung, die rechte Politik oder was auch immer gepachtet haben. Was sich auf diese Weise außen abspielt, ist letztlich eine Widerspiegelung der Verhältnisse in der eigenen Seele. Wir haben eben seit Kains Zeiten nicht dazugelernt, nicht getan, was Gott Kain so dringlich geraten hat. Wir sind immer noch nicht Herr im eigenen Haus und weiterhin unseren gewalttätigen Affekten ziemlich hilflos ausgeliefert. Das ist die Ausgangslage für die Projektion unserer unbewältigten

Gefühle: Weil wir mit dem potentiellen Gewalttäter in uns nicht fertig werden, verlangen wir nach der strafenden Autorität.»[69]

Diesem inneren Bedürfnis kommen viele Märchen entgegen, in unserem Riesenmärchen fehlt aber die äußere Autorität. Der Gewalttäter selbst übt diese Funktion aus. In diesem Märchen gelingt die Integration der bedrohlichen Affekte nicht, dadurch werden sie nicht vermenschlicht und wirken sich entsprechend unmenschlich aus.

Dieses Märchen gehört zu den wenig bekannten der Grimmschen Sammlung, vielleicht gerade deshalb, weil es viele Fragen offen läßt.

Epilog

Der Weg des Helden – unser Weg

Wenn man begonnen hat
mit dem eigenen Drachen
zu kämpfen,
hört der Kampf
mit anderen Menschen auf.

H. C. Dörler

Sicher geht es in den Märchen nicht vorrangig ‹um die Problematik innerhalb der Familie›[70], es geht aber immer um den Weg, der aus bestimmten Problemsituationen herausführt. Solche Situationen können verursacht sein durch Eifersucht oder Haß der Eltern auf ihr Kind, durch mangelndes Selbstvertrauen oder Liebesvermögen, durch Ehrgeiz, Geltungsdrang und vieles andere.

Wie stark solche Ausgangsbedingungen den Lebensweg des Kindes beeinflussen, habe ich anhand einiger Märchen zu zeigen versucht. Hierbei ging es mir nicht darum, den Eltern den ‹Schwarzen Peter› zuzuschieben und ein Idealbild vorbildlichen Elternverhaltens dagegenzustellen, sondern im Gegenteil, die Gefahren eines solchen unbewußt angestrebten Ideals für unseren Umgang miteinander deutlich zu machen. Ich erachte es als wichtig, Eltern zunächst zu entlasten von einem Teil falsch verstandender Verantwortung, nämlich dem Anspruch, immer alles richtig machen zu müssen, immer verfügbar, immer gut sein zu müssen und damit große Teile der eigenen Persönlichkeit wegzudrängen.

Dieses Verdrängte, Ungelebte schadet uns und unseren Kindern weit mehr als die bewußte Auseinandersetzung mit unliebsamen Gefühlen und Tabus.

In Märchen leben Eltern gerade diese Anteile mit einer uns oft grausam erscheinenden Konsequenz aus. Wir können dieses Verhalten nicht billigen, betrachten wir es aber näher, so kommt uns einiges daran bekannt vor.

Wir sehen, daß die Schwierigkeiten der Eltern bestimmte Gründe haben, die einerseits individueller Art sein können, die andererseits aber auch sozial und entwicklungspsychologisch bedingt sind. Wenn wir diese Zusammenhänge erkennen, fällt es uns leichter, Fehler und Mißerfolge nicht mehr nur auf eigenes Versagen zurückzuführen, sondern zum Teil auch auf die unerfüllbaren Ansprüche eines Idealbildes. Diese Erkenntnis kann uns dafür freimachen, uns unseren eigenen Fehlern und Defiziten zuzuwenden. Wir kämpfen sozusagen an der falschen Front, wenn wir uns bemühen, ein Ideal zu erreichen, anstatt zu schauen, wo unsere ganz persönlichen Möglichkeiten und Grenzen liegen.

Wie die jungen Märchenhelden kann sich ein innerer Teil von uns auf die Suche nach Lösungsmöglichkeiten begeben, während unser altes Selbst noch in seiner gewohnten Position verharrt – so wie die Eltern im Märchen zu Hause bleiben. Hier wird deutlich, daß psychische Veränderungen langsam vor sich gehen, auch widersprüchlich und mit Rückschlägen verbunden sind. Wir können noch eine ganze Weile in der Sicherheit unserer alten Verhaltensmuster weiterleben, während in uns schon neue Wege sich auftun, Prüfungen und Kämpfe bestanden werden. Das gibt uns die Möglichkeit, zwischendurch immer wieder zu unserem sicheren Ausgangspunkt zurückzukehren, wie manche Märchenhelden ab und zu nach Hause zurückkehren, um zu prüfen, ob das Neue schon angenommen werden kann. Irgendwann, oft nach langer Zeit, wird dann das alte Selbst, die alte Haut, überflüssig und kann abgelegt werden. Eine

Wandlung von innen nach außen hat stattgefunden. Im Märchen ist damit eine Entwicklung abgeschlossen, eine neue Ganzheit erreicht.

In unserem Leben kann dies immer nur ein Schritt sein, der einen weiteren einleitet.

Eine problematische Familiensituation entsteht dadurch, daß etwas ausgespart wird, das zum Leben benötigt wird, meist etwas Unerwünschtes, Schattenhaftes.

> «Durch die Integration oder durch das Aushalten des Lebens angesichts des Schattens entsteht ein neues System, das dann natürlich auch wieder etwas ausspart. Jedes System spart etwas aus, jedes System ist einseitig, und gerade dadurch ergibt sich eine immer neue Dynamik.»[71]

Innerpsychisch bedeutet dies, eine

> «... Familienkonstellation als eine bestimmte Entwicklungssituation in einem Menschen zu sehen, mit den dazugehörigen Schwierigkeiten, die auch da als Entwicklungsanreize zu verstehen sind.»[72]

Die Märchen bieten uns, gerade weil sie so ‹überpersönlich› gehalten sind, das heißt ohne personengebundene oder geschichtlich bestimmte Details, zahlreiche Projektionsmöglichkeiten. Das Grundthema der Märchen ist die Bewältigung einer Schwierigkeit; der Handlungsablauf folgt dem einfachen Schema: Problemsituation, Aufgabenstellung, Lösungsweg. Hierbei werden wesentliche menschliche Verhaltensweisen dargestellt wie Kampf, Intrige, Hilfe und Schädigung, Gefangensetzung und Befreiung, Vergewaltigung und Rettung, Werbung und Vermählung, und auch Berührung mit der jenseitigen Welt und ihren Kräften.[73]

Spricht uns ein Märchen besonders an – oder auch umgekehrt: empfinden wir eine Abneigung gegen ein bestimmtes Märchen –, so können wir davon ausgehen, daß etwas in uns mit dem Thema dieses Märchens korrespondiert. Auf dieser Tatsache beruht auch die therapeutische Arbeit mit Märchen.

Es gilt zunächst, das spezifische Ausgangsproblem, das unser eigenes inneres Problem widerspiegeln kann – das sich im Märchen aber auf der Handlungsebene abspielt – herauszufinden. Das kann sein: die Trennung der Kinder von ihren Eltern, die Krankheit des Vaters oder der Mutter, ein bestimmtes Versprechen, ein Wunsch oder eine Verwünschung und manches mehr.

Dieser äußeren Schwierigkeit entspricht jeweils eine innere Problemsituation der handelnden Personen, die aber im Märchen nicht direkt ausgedrückt wird, denn die Handlung des Märchens wird nicht von innen gelenkt, sondern von außen. Eigenschaften der Personen werden nach Max Lüthi

> «... mit Vorliebe in Form von Handlungen ausgedrückt (Olrik), Beziehungen in Form von Gaben (Lüthi). Das heißt, es wird alles möglichst auf die gleiche Fläche projiziert, auf die der Handlung; alles dahinter Stehende bleibt so gut wie unbeleuchtet. Innenleben (Gefühl, Stimmung, Anstrengung) und Umwelt der Figuren (Familie, Dorfgenossen, Landschaft, soweit sie nicht handlungswichtig sind) spielen eine ebenso geringe Rolle wie die Regionen, in denen die Jenseitsfiguren ihren Platz haben ... Figuren und Handlungen sind ohne Tiefenstaffelung, statt des Ineinander und Miteinander herrscht das Nebeneinander oder Nacheinander.»[74]

Durch diese spezielle Ausdrucksform erscheinen uns die Märchen oft kindlich (wenn nicht gar kindisch) und unrealistisch. Wir erfahren ja im wirklichen Leben, daß alle Handlungen und Personen kompliziert miteinander verwoben und von inneren Impulsen gesteuert sind. So kompliziert, daß wir sie oft weder erkennen noch durchschauen können und bisweilen tief in unseren Beziehungen verstrickt bleiben. Diese Verstrickungen werden im Märchen aufgelöst, auf die Handlungsebene transponiert und dadurch deutlich gemacht. Hierbei wird das herausgegriffen, was Probleme verursacht, daher wird nicht etwa die (durchaus vorhandene) Liebe einer Mutter zu ihrem Kind in den Vordergrund gestellt, sondern das auch existierende Problem der Überforderung, der Eifersucht ...

Haben wir das innere Problem erkannt, das der Märchenhandlung zugrunde liegt, so können wir uns anschauen, welche Schwierigkeiten daraus für die Personen erwachsen, und wie sie damit umgehen. Hierbei können uns die auftretenden Personen und Dinge des Märchens wichtige Aufschlüsse geben: die Helfer und Schädiger, die Kontrastfiguren und die Erlösten sind alle auf den Märchenhelden bezogen. Auch die Dinge, Pflanzen oder Tiere haben jeweils eine bestimmte Funktion in bezug auf den Helden. Wir können sie alle als innere Anteile oder Kräfte der Hauptperson betrachten, die im Märchen klar und deutlich in gut und böse, schön und häßlich, klein und groß getrennt sind.

Bei näherer Betrachtung ergibt sich allerdings, daß das Minderwertige oft erhöht wird, das Arme zu Reichtum kommt, das Dumme sich als klug herausstellt. Diese Umkehrung überrascht die Märchenleser nicht, im Gegenteil, sie wird oft schon von Anfang an vorausgesehen. Wir können die inneren Qualitäten eines Märchenhelden an seinen Handlungen ablesen und ahnen auch schon bald, mit welchen Schwierigkeiten er zu kämpfen haben wird. Wir wissen im voraus, daß die klugen Brüder scheitern werden, während der Dummling den Erfolg erringt. Wichtig für uns ist, daß hierbei gerade Eigenschaften, die zunächst als hinderlich erscheinen wie Mitleid, Demut, Unscheinbarkeit handlungs- und damit entwicklungsfördernd sind, während Zielstrebigkeit die Personen oft am eigentlichen

Ziel vorbeigehen läßt. Wir können uns dann fragen, welche Anteile von uns selbst wir in einer bestimmten Figurenkonstellation im Märchen wiederfinden, und inwieweit sich Personen, Dinge etc. in bezug auf unser Problem förderlich oder hinderlich verhalten.

In Hinsicht auf unser Hauptthema können wir demnach feststellen: Das Problem, das in der Beziehung zwischen Eltern und Kindern vorherrschend ist, bringt die Kinder auf den Weg. Oder bezogen auf meine innere Entwicklung: Wenn ich das Problem, das ich mit meinem realen Kind habe, erkannt habe (im Märchen wird es auf der Handlungsebene angesprochen), dann kann ich mich auf den Weg machen, um eine Lösung zu suchen. Hierbei spielt die subjektstufige Betrachtung – das Kind in mir – eine wichtige Rolle, es verkörpert, allgemein gesehen, meine innere Erneuerungskraft, kann aber bei jedem Menschen noch eine ganz spezielle Bedeutung und auch verschiedene Bedürfnisse haben (z. B. das verlassene Kind, das verletzte Kind, das trotzige oder das unabhängige Kind in mir). Dieses kindliche Ich, das Junge in mir, ist offenbar besonders geeignet, neue und schwierige Aufgaben zu lösen, mit unbekannten Situationen zurechtzukommen – eben deshalb werden in den Märchen die Töchter und Söhne ausgesandt –, weil es eine andere Art hat, die Welt wahrzunehmen als mein erwachsenes Ich, es kann sich ohne Vorbehalte auf seine Umgebung einlassen.

Behindert wird dieses Vorwärtsstreben von zwei Seiten: zunächst von dem eigentlichen Problem, das zwar die Entwicklung auslöst, sie aber auch immer wieder hemmt, so daß es Rückfälle gibt (wie die Eifersucht der Königin im ‹Schneewittchen›), und zusätzlich von neu auftretenden Gegenkräften (z. B. die Hexe im Wald), die dadurch frei werden, daß ein neuer Weg gewagt wird. Ich erfahre aber auch immer wieder, daß mir entwicklungsfördernde Kräfte zuwachsen, oft in ganz unscheinbarem oder unbekanntem

Gewand (Rumpelstilzchen, Zwerge, Tiere ...). Das Wichtigste, worauf es ankommt, ist, die angebotene Hilfe zu erkennen und richtig zu nutzen. Auch dies geschieht niemals glatt und ohne Rückschläge. Zunächst hilfreiche Kräfte verwandeln sich in Widersacher (z.B. in ‹Rumpelstilzchen›), wichtige Ratschläge werden nicht befolgt (z.B. in ‹Die Rabe›), Tabus und Versprechen gebrochen (z. B. in ‹Schneewittchen›). Es kommt aber auch vor, daß bedrohliche Kräfte sich als hilfreich erweisen, wenn man nur richtig mit ihnen umzugehen versteht wie die Hunde im Turm in ‹Die drei Sprachen›. Sie gewähren ihre Gaben oder ermöglichen das Auffinden des Schatzes, wenn man respektvoll mit ihnen umgeht, sie ernstnimmt. Im Märchen wird das dadurch ausgedrückt, daß der Held diesen gefährlichen Mächten erst eine Zeitlang dienen muß, bevor er von ihren positiven Seiten profitieren kann. Es wird dabei auch deutlich, daß diese Kräfte zwar wild und gefährlich sind, aber nicht per se zerstörerisch. In dem Moment, in dem der Märchenheld sich auf sie einläßt, ihre Gesetze kennenlernt und eine Zeitlang nach diesen lebt, kann er auch ihre hilfreichen Gaben annehmen, die eine neue Entwicklung einleiten.

Zu beachten ist, daß in Märchen gerade die Kinder, unsere vorwärtsstrebenden inneren Erneuerungskräfte, mit diesen Wesen (Hexen, Riesen, Tieren ...) in einen positiven Kontakt treten und ihre gefährlichen und hilfreichen Seiten kennenlernen, während die Eltern als der beharrende Anteil diese gar nicht wahrnehmen, sie einsperren oder fragwürdige Bündnisse schließen, unter denen die Kinder zu leiden haben.

Entgegen einer weitverbreiteten Ansicht geht es in den Märchen nicht um den Sieg des Guten über das Böse im Sinne von Ausgrenzung, sondern um Wandlung. Zwar sind zunächst Gut und Böse deutlich voneinander getrennt und unterscheidbar, was dem Leser/Hörer der Geschichte die Möglichkeit gibt, sich mit der Hauptperson zu identifizieren. Im Laufe der Handlung wandeln sich aber häufig die

Bedeutungen, so daß das Gute des Bösen sichtbar wird oder umgekehrt. Die Hexe, die die Kinder freundlich aufnimmt, und so vor dem Verhungern im Walde rettet, entpuppt sich als menschenfressendes Ungeheuer, während der menschenfressende Teufel gute Gaben besitzt, die mit Hilfe der Großmutter oder der Tochter gewonnen werden können. Selbst der Teufel hat also eine gute Seite, die hilfreiche Alte oder die schöne Tochter, wie in der Geschichte vom ‹Königssohn und der Teufelstochter›.[75] Der wilde, gefährliche Löwe im Märchen ‹Das singende springende Löweneckerchen› hat eine empfindsame Seele und will geliebt werden, während der strahlende Held in ‹Der Trommler› sich nach bestandener Gefahr als unzuverlässig und wenig selbständig erweist: er kehrt zu seinen Eltern zurück und heiratet die falsche Braut. Das Böse im Guten äußert sich hier in mangelnder Selbstverantwortung, in anderen Märchen – in ‹Die Gänsemagd› zum Beispiel – in übergroßer hemmender Fürsorge.

So zeigt sich in den scheinbar so simplen Märchen eine große Differenziertheit und insbesondere die Wandlungsfähigkeit der Märchenfiguren. Es handelt sich nicht um Ambivalenz, sondern um die im Guten latent verborgenen schattenhaften Eigenschaften und um die im (scheinbar) Negativen verborgenen positiven Entwicklungsmöglichkeiten. Die Märchen zeigen uns eindrücklich, daß es darauf ankommt, wie der Held damit umgeht. Das Ziel ist immer die Verbindung der Gegensätze.

Die dualistisch geprägte Weltsicht, die uns so geläufig ist und so viele Probleme schafft, weil sie immer einen Teil ausblendet, wird der Wirklichkeit nicht gerecht. Der im Christentum angestrebte Sieg des Guten – des Geistes – über das Böse – das Materiell-Körperliche – wird fälschlicherweise mit dem menschlichen Streben nach Vollkommenheit verwechselt. Vollkommen kann aber niemand sein, der einen großen Teil seiner selbst und der Welt ausgrenzt und nicht wahrhaben will.

Die Erkenntnis C. G. Jungs, daß unser Unbewußtes ein natürliches und neutrales – also weder gutes noch böses – Phänomen ist, «... das alle Aspekte der menschlichen Natur – Hell und Dunkel, Gut und Böse – enthält»,[76] das durch Träume aber auch durch Mythen und Märchen zu uns spricht, kann uns der Ganzheit ein Stückchen näher bringen. Es gibt einen dritten Weg, den wir wählen können, und der liegt außerhalb der Scheinalternative Gut–Böse, Ideal–Tabu, ganz in uns selbst. Diesen beschreibt Watzlawick sehr einleuchtend in der kleinen Szene des Jungen vor dem Blumenbeet, der sich entscheiden muß, das Verbot ‹betreten verboten› zu befolgen (gut) oder zu übertreten (böse). Er tut erstaunlicherweise keins von beiden, sondern ihm fällt plötzlich ein, die Blumen zu betrachten, und er findet sie wunderschön. Daraus entsteht in ihm selbst der Wunsch, diese Blumen nicht zu zerstören. Er hat in diesem Moment sein eigenes Gesetz gefunden, ist mit sich selbst in Einklang.[77] Dies ist auch der Weg, den die Märchenhelden beschreiten. Nicht Ausgrenzung, sondern Wandlung vom Gefährlichen zum Hilfreichen, vom Abhängigen zum Selbständigen, vom Ichbezogenen zum Liebevollen, vom Tier zum Menschen bestimmen ihn.

«Der Weise aber verabschiedete sich lächelnd, griff nach seinem Wanderstab und sprach:
‹Leb wohl, mein Freund, und lerne Geduld und Gelassenheit. Viel Leiden ist in der Welt, doch das Leiden ist nie umsonst. Die Welt ist aus Licht und Dunkel gemacht, und Böses und Gutes, das Sichtbare und das Unsichtbare verknüpfen sich zum bunten Teppich des Lebens. Voller Schrecken und voller Wunder ist die Welt, doch weise geordnet von Allah, dem Erhabenen, und nichts darin ist zufällig und nichts ohne Sinn – ganz wie in den Märchen, die uns berichtet werden aus lange vergangenen Zeiten.›»[78]

Anmerkungen

1 *Erzählungen aus TausendundeinerNacht,* neu erz. von Gunter Goll, S. 217 f. © 1953 Droemer Knaur Verlag, München.
2 *Kieler Nachrichten*, 11. 5. 1991, S. 2.
3 *Kieler Nachrichten*, 27. 2. 1991, S. 32.
4 Ingrid Riedel: *Tabu im Märchen*. Walter: Olten 1987, S. 24.
5 *Kieler Nachrichten*, 6. 1. 1992, S. 24.
6 Manfred Lurker: *Wörterbuch der Symbolik*. Kröner: Stuttgart 1985, S. 133.
7 Karlheinz Deschner: *Kriminalgeschichte des Christentums*, Bd. 3. Rowohlt: Reinbek 1990, S. 260 ff., S. 276 f.
8 Alfons Rosenberg: *Engel und Dämonen*. Prestel: München 1967, S. 237 f.
9 Gunnar Heinsohn, Otto Steiger: *Die Vernichtung der weisen Frauen*. Heyne: München, 1985, S. 132 ff. und Gustav Radbruch, Heinrich Gwinner: *Geschichte des Verbrechens*. Eichborn: Frankfurt a. M. 1990, S. 189.
10 Sigrid Früh (Hrsg.): *Von Hexen und weisen Frauen*. Fischer TB: Frankfurt a. M. 1986, S. 7.
11 ebd., S. 9 f.
12 vgl. Deschner, *Kriminalgeschichte des Christentums*, Bd. 3, S. 342.
13 vgl. Früh, *Von Hexen und weisen Frauen*.
14 vgl. hierzu die von Riedel in *Tabu im Märchen* besprochenen Märchen ‹ Bekennst du ›, ‹ Die Sonnenmutter ›.
15 siehe S. 63 ff.
16 Schalom Asch: *Mottke der Dieb*. Weitbrecht: Stuttgart 1985, S. 19.
17 ebd., S. 28.
18 ebd., S. 16 f.
19 Sylvia Blocksdorf: *Mutter-Ideale*. Oxalis: Berlin 1984, S. 20.
20 *Brockhaus-Enzyklopädie*, Bd. 8. Wiesbaden 1969, S. 238.
21 *Kieler Nachrichten*, 1990.
22 *Brockhaus-Enzyklopädie*, Bd. 13. Wiesbaden 1969, S. 126.
23 ebd.
24 Marie-Louise von Franz: Der Individuationsprozeß, in C. G. Jung

(Hrsg.): *Der Mensch und seine Symbole.* Sonderausgabe. Walter: Olten 1988, S. 177.

25 James Gleick: *Chaos.* Knaur: München 1990, S. 20 ff.

26 *Kieler Nachrichten*, 19. 1. 1991.

27 Riedel, *Tabu im Märchen*, S. 39.

28 ebd.

29 Elisabeth Müller: *Das Bild der Frau im Märchen.* Profil: München 1986, S. 53.

30 z. B. B. Bettelheim: *Kinder brauchen Märchen*; C. H. Mallet: *Kennen Sie Kinder?* H. Traxler: *Die Wahrheit über Hänsel und Gretel.*

31 Lukas 11,3.

32 Friedel Lenz, *Bildsprache der Märchen.* Urachhaus: Stuttgart 1988, S. 245.

33 ebd., S. 246.

34 Müller, *Das Bild der Frau im Märchen.* S. 57.

35 Verena Kast: *Märchen als Therapie.* Walter: Olten u. Freiburg i. Br. 1986, S. 10 f.

36 vgl. *Spiegel Magazin*, 25, 1991, S. 195.

37 Verena Kast: *Familienkonflikte im Märchen.* Walter: Olten 1986, S. 10.

38 Lenz, *Bildsprache der Märchen*, S. 263.

39 Zur Entwicklung dieses Märchens und besonders des Spinnmotivs vgl. Lutz Röhrich: *Rumpelstilzchen in Märchenanalysen.* Arbeitshefte für den Unterricht. Reclam: Stuttgart 1977, S. 136 ff.

40 A. Waiblinger: *Rumpelstilzchen*, Kreuz: Zürich 1984, S. 78.

41 E. Fromm, *Märchen, Mythen, Träume.* Rowohlt: Reinbek 1991, S. 116.

42 Lurker, *Wörterbuch der Symbolik*, S. 235.

43 Lenz, *Bildsprache der Märchen*, S. 263.

44 Elke Liebs: *Das Köstlichste von Allem. Von der Lust am Essen und dem Hunger nach Liebe.* Kreuz: Zürich 1988, S. 30.

45 Lenz, *Bildsprache der Märchen*, S. 263.

46 Friedel Lenz: *Das Tier im Märchen.* Die Kommenden: Freiburg i. Br. 1972, S. 13 f.

47 Rudolf Geiger: *Märchenkunde.* Urachhaus: Stuttgart 1987, S. 541.

48 Lurker, *Wörterbuch der Symbolik*, S. 308.

49 vgl. Lurker; *Wörterbuch der Symbolik*, S. 525 f.

50 Lenz, *Bildsprache der Märchen*, S. 259.

51 Ingrid Riedel: *Farben*, Kreuz: Stuttgart 1984, S. 25.

52 Lenz, *Bildsprache der Märchen*, S. 246 ff.

53 Lurker, *Wörterbuch der Symbolik*, S. 167 u. 609.

54 vgl. Wolfgang Bauer, Irmtraut Dümotz, Sergius Golowin: *Lexikon der Symbole.* Fourier: Wiesbaden 1990, S. 47 u. 70.

55 vgl. *Psychologie heute*, 18. Jg., Heft 8, 1991, S. 26.
56 vgl. Marie-Louise von Franz, *Der Schatten und das Böse im Märchen*, Knaur: München 1991, S. 53.
57 Lenz, *Bildsprache der Märchen*, S. 261.
58 Jürgen Janning und Heino Gehrts (Hrsg.): *Die Welt im Märchen*. Erich Roth: Kassel 1984, S. 48.
59 ebd.
60 vgl. Edmund Mudrak (Hrsg.): *Nordische Götter- und Heldensagen*. Ensslin und Laiblin: Reutlingen 1961, S. 12 ff.
61 vgl. Lenz, *Bildsprache der Märchen*, S.262.
62 von Franz, *Der Schatten und das Böse im Märchen*, S. 72.
63 ebd., S. 67.
64 vgl. Jung, *Der Mensch und seine Symbole*, S. 200 und Lurker, *Wörterbuch der Symbolik*, S. 572.
65 vgl. Lenz, *Bildsprache der Märchen*, S. 263.
66 ebd., S. 262.
67 *Kieler Nachrichten*, 26. 9. 1991, S. 26.
68 Carl H. Mallet: *Kopf ab. Gewalt im Märchen*. Rasch und Röhring: Hamburg 1987, S. 56.
69 ebd., S. 29 f.
70 Verena Kast, *Familienkonflikte im Märchen*, Walter: Olten 1986, S. 8.
71 ebd., S. 8 f.
72 ebd., S. 9.
73 Max Lüthi: *Märchen*. Metzler: Stuttgart 1974, S. 29.
74 ebd., S. 33 f.
75 von Franz, *Der Schatten und das Böse im Märchen*, S. 283 ff.
76 Jung, *Der Mensch und seine Symbole*, S. 103.
77 Paul Watzlawick: *Vom Schlechten des Guten*. Piper: München, S. 43 f.
78 *Erzählungen aus TausendundeinerNacht*, S. 356.

Die Märchentexte wurden folgenden Sammlungen entnommen:

Hänsel und Gretel, Sneewittchen, Die Gänsemagd, Hans mein Igel, Die Rabe, Von einem jungen Riesen:
Friedrich Panzer (Hrsg.): *Kinder- und Hausmärchen der Brüder Grimm. Vollständige Ausgabe in der Urfassung*. Vollmer: Wiesbaden o. J.
Rumpelstilzchen, Die drei Sprachen:
Jacob und Wilhelm Grimm: *Kinder- und Hausmärchen*. Wissenschaftliche Buchgesellschaft: Darmstadt 1987. © Artemis: München.